大国律师 II

中国文化信息协会 编

中国商务出版社

图书在版编目（CIP）数据

大国律师 . II / 中国文化信息协会编 . -- 北京：
中国商务出版社，2018.2

　　ISBN 978-7-5103-2295-2

　　Ⅰ . ①大… Ⅱ . ①中… Ⅲ . ①律师—辩护—中
国 Ⅳ . ① D926.5

中国版本图书馆 CIP 数据核字（2018）第 027881 号

大国律师 . II
DAGUO LVSHI II

中国文化信息协会 编

出　　　版：中国商务出版社
地　　　址：北京市东城区安定门外大街东后巷 28 号　邮编：100710
责任部门：职业教育事业部（010-64218072　295402859@qq.com）
责任编辑：周青

总 发 行：中国商务出版社发行部（010-64208388　64515150）
网　　　址：http://www.cctpress.com
邮　　　箱：cctp@cctpress.com

排　　　版：皓月
印　　　刷：北京虎彩文化传播有限公司
开　　　本：710 毫米 × 1000 毫米 1/16
印　　　张：10.5　　　　　　　字　　数：220 千字
版　　　次：2018 年 2 月第 1 版　　印　　次：2022 年 8 月第 3 次印刷
书　　　号：ISBN 978-7-5103-2295-2
定　　　价：45.00 元

目 录 CONTENTS

法,也是大爱的传承

——访湖南仁本律师事务所创始合伙人舒蓉月

　　律法往往与"刚正不阿""铁面无私""法网无情"这些词联系在一起。而法律人,不论是法官还是律师都给人一种公正严明的严肃形象。但是在律师界却又有一个特殊群体,天天与"情"打交道,他们就是专门从事婚姻家庭案件的专业律师。

　　舒蓉月,作为资深婚姻家庭律师,有八年从业经验,多次组织开展"法律服务进社区活动",曾应湖南省民政厅之邀为省内各市局领导讲授"婚姻登记机关法律问题及完善"专题。她还作为特邀嘉宾多次参与湖南多家电视台法治节目的录制,为媒体进行专家点评。

　　多年的执业经验让她坚信:法,其实也是一种大爱的传承。

　　2016年,舒蓉月与人合伙创办了湖南仁本律师事务所。执业中,她结合自己对法的感悟,在律师团队中首置心理咨询师一职,在帮助当事人解决家庭法律纠纷的同时,也帮助他们排解情感及心理问题。

　　舒蓉月律师一直秉承"以仁为本,以人为本"的理念,传播法治精神,服务万千家庭。其团队主办的"幸福家庭"家事沙龙备受好评。另外,团队耗费大量人力做出的有关婚姻家事案件的大数据分析更在行内引起强烈反响。

　　如今,湖南仁本律师事务所在舒蓉月的带领下,正在为万千家庭排忧解难,为和谐社会建设贡献力量。

不服输:屡败屡考

　　初见舒蓉月律师,让人眼前一亮,因为她靓丽的外表与丰富的执业阅历同样出众。作为 80 后,她的业界荣誉除了得益于时间的积淀外,主要归功于其乐观又不服输的品质。

2005 年,舒蓉月大学毕业,进入湖南人和人律师事务所做前台。按说前台只要做好客户接待和办公室的杂务即可,工作应该很轻松。可是,她却每天最早到律所,又最晚锁门离开。一个刚毕业的前台小姑娘,每天工作怎么会这么忙呢?

原来,舒蓉月心中一直有一个律师梦,哪怕现在做一个不起眼的前台,她也绝不放松对自己的要求。她认真学习如何与人沟通,用微笑感染所有人;她从最不起眼的小事做起,收拾杂物、种花、擦桌子、整理办公室物品,她认真对待经手的每一份律所资料,从基础做起,甚至连一个错别字都不放过……她一直严格要求自己,培养认真严谨的态度,为以后从事律师职业做足准备。

在本科毕业后,为了心中的"律师梦",在六年的时候专攻司法考试,过程很艰难,好在她心态好,不服输,屡败屡考。这一坚持,就是六年。在这六年中,舒蓉月结婚生子,完成了两件人生大事。但不管生活如何紧张忙碌,除了在老公的要求下怀孕那年没参加考试,其余五年她屡次上考场。

有一次,在考场上有人问她是不是刚刚大学毕业。她一听就乐了,赶紧笑着说:"才不是呢,我已经从黄花闺女考成了孩他妈,可不想再从孩他妈考成孩他奶奶了。"

上天不负有心人。2010 年,舒蓉月通过司法考试,获得了律师行业的敲门砖。"我六年考了五次,已经成为家人的反面教材了。"轻描淡写的一句自嘲后,舒蓉月爽朗地大笑起来。从她的话语里,我们听不出艰辛,只感受到她乐观爽朗和不服输的精神。

没有人会随随便便成功。即便现在舒蓉月律师表现得云淡风轻,但她屡败屡战的精神对其执业生涯却有着不可小觑的影响。

遇贵人:高压成才

取得法律职业资格证之后,舒蓉月开始了在人和人律所的实习,从前台转到了实习律师,带她的律师叫李炎辉,也算是她职业生涯中的第一个贵人。

当时,李炎辉律师问她:"你是想做助理呢?还是想试着摸索一下,往办案律师方面努力？"当时的条件,做助理有工资,但是要朝九晚五的上班。而摸索学习,没有工资,但时间相对自由。舒蓉月考虑到自己孩子小,需要有时间照顾,再加上自己确实想学些东西,便果断选择了拜李律师为师,跟着他学习律师之道。在李律师的指导下,舒蓉月学习了办案的整个流程,对案件诉讼有了全盘把控。

接着,她又遇到第二个贵人:律所主任江帆。江帆主任格局大,从大方向上为她进行指导。而且,他还很会看人,会根据每个律师的性格为他们定专业。所以,他结合舒蓉月的性格,把她定位在了婚姻家庭的领域,正中舒蓉月的心,这就是她最想要服务的领域。

另外,还有一位贵人——阳青律师,他手把手教舒蓉月改文书,在他的严格要求下,一个文书要写五六遍,而且都是从细节上反复来抠,包括格式对不对、语句通顺不通顺、标点符号准不准等。

当然,贵人多了有时也是一种压力。有一次,江帆主任和李炎辉律师把舒蓉月叫到办公室,一直教她该怎么怎么做。这让舒蓉月感觉压力好大,就忍不住哭着喊道:"你们对我要求太高了,为什么你们不要求别的律师,偏偏要求我呢？我已经很努力,很累了,我受不了了！"

"就是因为是你,我们才要求高,别人我们还不这样要求呢。我们这是带着你飞,带着你快速成长,你听就听,不听就算了。"江帆主任说道。

听完主任的这番话,舒蓉月恍然大悟,当即把眼泪一抹,说道:"好了,我马上改了！"她明白,主任和老师对她期望高,所以才要求高,这是最大的爱。

还有一次,舒蓉月经办一个离婚案,当事人情绪很激动,说如果争不到孩子的抚养权就从律所楼上跳下去,这可把舒蓉月吓坏了。因为刚刚执业,经验尚浅,舒蓉月根本不知道该如何安抚当事人。

为了能够帮助当事人,自觉经验不足、能力有限的她,几乎把全律所律师都请教了一遍,对案件可能遇到的问题都想好了对策。每个律师教一点,她就学一点,慢慢自己的思路也打开了。当时为了找证据,她不断走访当事人居住的小区和孩子的幼儿园,积累了600多页的证据材料。

最后,孩子的健康成长得到了最大的保障,她心中的大石头落地了,全律所律师跟着她揪着的心也随之放下来。

可以说,舒蓉月律师的入行之路是一路高压,正是这一路高压才使她快速成长,这份礼物让她终身受益,不断给她力量在这条路上走下去。

组团队:仁本成立

随着经验的丰富,舒蓉月律师处理婚姻家庭案件越来越得心应手。不过,她在每次拿到胜诉判决书和比较满意的调解书时发现一个现象:当自己开心不已的时候,她身旁的当事人没有一个是高兴的,这究竟是为什么呢?

舒蓉月开始反思:"我出现的意义和价值到底是什么?我那么努力争取到的结果,好像并不是他们真正想要的。"这让她很失落,很迷茫,也很有挫败感。

后来,在不断失落、不断反思中,舒蓉月渐渐发现:只从利益层面帮助当事人处理家事案件,是不能真正解决问题的。作为一个专业的律师,如果能在帮当事人争财产、争利益的同时,也能帮助他们在不幸的婚姻中成长,在任何时候都有能力过得幸福,这才是最有意义的。

舒蓉月开始试着从帮助双方当事人入手,结果发现这比只帮一方容易得多。因为取得双方信任之后,化解矛盾时冲突会大大降低,他们各自最真实的诉求也容易表达。这样双方分开后,单个个体也能过得幸福,同时把对孩子的伤害也降到了最低。

这之后,舒蓉月在处理婚姻家事案件时有了自己的原则:自己的出现不能给已经千疮百孔的家庭再添伤害。同时,她也有了更多的想法,将人性化的服务贯穿于案件代理中,即便离婚,也要和和气气地离,而不是反目成仇。家庭是社会的细胞,每个家庭和谐了,才有社会的和谐。为此,她想成立一个律师事务所,落实自己的理念。当时领导也都非常大气,同意她的想法,支持她的梦想。

于是,2016 年 6 月舒蓉月与人合作,成立了湖南仁本律师事务所,创建了自己的团队。这个团队由五个人组成:三个执业律师,一个心理咨询师,一个实习律师。

在团队中聘请心理咨询师,也是舒蓉月律师的一个大胆创新。据她了解,在大部分婚姻家庭案件中,律师都是身兼二职,既是律师又是当事人及其家属的心理咨询师,把倾听、疏导、和解、案件诉讼工作的压力都压在了自己身上。如果把这二者分开,律师和心理咨询师各司其职又相互合作,让专业的人做专业的事,真正帮到当事人,这才是最有价值的。

事实证明,舒蓉月的想法是正确的。许多面临离婚的家庭,男女双方、孩子以及其他家属在经过心理咨询师的指导后,都能很好地面对自己的问题,并配合律师去解决问题。

作为一家综合性律所,婚姻家庭案件其实只是律所业务的一部分。这一部分由舒蓉月亲自带队,她本着既维护当事人的合法权益也维护社会和谐稳定、不激化矛盾的出发点,为当事双方找到最佳的和谐点。

为传播仁本律师事务的理念,律所刚起步半年就举办了 10 多场活动,舒蓉月更是多次组织开展"法律服务进社区活动",并应湖南省民政厅之邀为省内各市局领导讲授"婚姻登记机关法律问题及完善"专题。她还多次参与湖南多家电视台法治节目的录制,为媒体进行专家点评,并担任湖南省妇联、长沙市妇联的法律援助律师。其团队主办的"幸福家庭"家事沙龙影响广泛,备受业界好评。

求发展:大爱传承

舒蓉月律师一直秉承"以仁为本,以人为本"的理念,传播法治精神,服务万千家庭,"怀菩萨心肠,行霹雳手段",身体力行传播大爱。

为求发展,舒蓉月带领团队做了许多努力,具体表现在以下几个方面:

第一,做了一份长沙婚姻家庭案件的大数据分析。在这个数据为王的时代,数据可以说话,数据可以预判,也可做指导。

这份数据分析报告总共耗时三个多月。其中在信息采集收集阶段花了一个半月时间,用了十个人的力量进行人工统计。基础数据出来之后,又花了两个月的时间起草报告和发现筛选有用的信息。

通过数据,舒蓉月可以了解自己团队承办的案件在长沙地区的占有量,以及了解当事人关心的抚养费判多少、第一次能不能判决离婚、要不要请律师、诉讼方式离婚多长时间可以离掉等,并希望从市场角度、专业角度来得到一些解答。

此外,团队还发现女性作为原告起诉的比例比男性高,聘请律师的比例男女均等,小孩抚养费判决金额比较低,不能满足小孩成长需要。这些发现,也可以给专门从事家事业务领域的律师同行、法官、妇联同志提供一些参考。

第二,建成比较成熟的普法宣传和培训板块。第一块是对保险公司内部员工的体系培训,主要是普法,就目前在长沙市几大保险公司的培训来看,效果非常不错。第二块,对于私人银行,做出现成的讲课产品,以便直接与银行对接讲课。

第三,加强拓展财富传承业务。就目前湖南来说,大部分人没有传承的意识,甚至觉得离自己很遥远。其实,财富传承一定要提前做研究、做准备。比如,一个企业、一个家族要发展,一定有它可传承的东西,不仅仅是资金,还有其代代相传的精神,这才是最核心的东西。

为了拓展财富继承业务,舒蓉月带领团队从两方面入手。一方面,做私人法律顾问,不断推进和积极改进律所的服务产品,为企业家以及企业家的家人提供更专注的私人定制法律服务。另一方面,做财富传承的普法和宣讲,帮大家用一个更长远的眼光看问题。目前,舒蓉月已带领团队与湖南、湖北等地的企业、社区、银行、保险公司、图书馆、培训公司等机构进行合作,传播最新的理念,影响更多的人。

第四,在专业领域创新发展,与时俱进,将最新的理念和科技运用到律所管理中。仁本的发展一定要与互联网、人工智能以及大数据时代结合在一起,这样才能考虑弯道超车。

第五,重视律师的社会责任,多做法律援助。律师处理案件是收费的,但是讲到社会责任和担当时,就要义无反顾地做好法律援助工作,为社会和谐发展贡献力量。

舒蓉月认为,打铁先要自身硬。这些发展内容,无论哪一方面都不能冒进,要一步一个脚印,稳扎稳打。其实,无论舒蓉月带领仁本律所如何求发展,像代理案件、做研究、做法律援助、做普法宣传等,都是想总结经验,让法治社会越来越清明,让每一个当事人都过得幸福。

法网无情也有情,法治精神以及律师以法之名所做的一切努力,其实都是一种真正的大爱传承!

守望正义 敢为天下

—— 访河南王城律师事务所主任张水山

著名律师李本森说过:律师,民主的镜子;律师,经济的保护神;律师,法律尊严的维护者。在河南洛阳,有这样一位律师,他传承了"包青天"的风骨,不叫"青天",却呵护百姓的冷暖;他秉持了现代法律的精神,坚决守护正义的天平;他见证了共和国法制的逐步健全与完善,执着捍卫法律的尊严。他就是国家一级律师、河南王城律师事务所主任律师张水山。

一心学法 做仗义执言的"法律人"

时至今日,提起铁面无私、断案如神的"包青天",人们依然会肃然起敬。包拯墓的所在地河南巩义对包公更是极为推崇。张水山就在这样一种包公文化的氛围里成长。张水山从小就喜欢听"包青天"的故事,立志长大后要成为一个不畏权势、仗义执言的"法律人"。正是抱着这样的决心,1984 年,19 岁的张水山以优异成绩考入郑州大学法律系,1990 年通过了全国律师资格考试,1991 年进入郑州市第一律师事务所,成为一名专职律师。

这一切看似自然而然、水到渠成,但张水山每一步都走得极为认真。张水山说,也许很多人会觉得法律专业很难学,学习法律需要背大量法律条文,枯燥又辛苦。但他却从未觉得枯燥。对于法学有着强烈爱好的他而言,学习法律是一个知其然并且还要知其所以然的过程,是一个明确法律制度的合理性、科学性的过程,因而充满乐趣。在郑大求学期间,张水山专心学习并积极参加实践。当时他的法学专业课成绩尤为优异,他先后在巩义市法院刑庭、河南省第三律师事务所、郑州市中级人民法院经济庭实习,这一切都为他此后正式走上律师岗位奠定了坚实的基础。

1988年,大学毕业的张水山并没有如愿进入公检法系统工作,也没有进入律师事务所,而是被分配到了河南省新华一厂法律顾问室从事法律顾问工作。尽管做的是法律工作,但对于一心学法、立志为民的张水山而言,这个岗位所涉及的法律事务太少,不能完全发挥他的特长。因而,1990年,张水山考取了律师资格证书,毅然辞去了新华一厂的工作,调到郑州市第一律师事务所从事专职律师工作,投身到了律师这一行业。

1997年,张水山来到了洛阳,先后在洛阳同济律师事务所、洛阳市法律援助中心工作。谈及律师这一职业的工作压力,张水山表示,"每一行业都有压力,说律师工作压力大,可能是因为律师背负着当事人的期望,肩上担着守护公平正义、捍卫法律尊严的责任。有时要为了一个案子披星戴月、夜以继日地工作,睡不好觉。但对我而言,压力也没有那么大。一直以来,我坚持吃透每一个案件,找好突破口,认真准备法律文书,积极调查取证,不乱承诺,尊重当事人,积极做好沟通工作,一切以维护当事人的合法权益为出发点,这样二十多年也就过来了。"张水山说,一个好的律师,要不断提升自身的办案能力,形成自己的办案风格,要在现有法律的允许之下,争取实现当事人利益的最大化,这是律师最起码的职责。

从1991年走上律师岗位到今天,张水山办理的案件已达数千起。每一个案件,张水山都积极与当事人沟通交流,将应该能办到的事情想方设法做到。同时,二十余年来,张水山始终坚持学法,闲时做研究,忙时全心投入工作。1999年,张水山回到郑州大学法学院在职攻读经济法研究生,他说,1999年之后,中国的法律形式已经发生了巨大的变化,必须再次系统地学习深造,才能跟得上时代的步伐。而在取得硕士学位之后,张水山仍然坚持与诸多学术界专家学者保持沟通交流,并多次结合自身的法律实践发表学术论文。张水山说,"律师这一职业,学无止境,活到老,学到老,才是应有的姿态。"

2001年8月,张水山作为合伙人之一创办了河南王城律师事务所。现如今,王城律师事务所已拥有二十余名执业律师。无论是一级律师人数,还是兼职律师中博士、专家学者人数,在当地都位于前列,在洛阳市享有极高的声誉。

谈及从律师到管理者的转变,张水山表示,转变其实并没有那么大。他说,无论是身为执业律师,还是担任主任律师,重心依然在处理案件上。他依然是一心学法,立志为民的"法律人"。

起草法规 让"嘴正"的和尚念"好经"

在采访过程中,张水山表示,自己最自豪的事情之一就是参与起草了地方法规。作为新中国法律制度日渐完善的见证者,张水山可谓是与国家法制建设一道成长。因而,张水山不断地加强学习和研究,并多次在学术会议及学术刊物上发表对现有法律条文及法律制度设计的见解。他直言不讳地指出,我们国家的法律、行政法规、地方性法规及部门规章、地方性规章、政府的规范文件等游戏规则的有些条款存在不合理、不公平、不准确、操作性不强等问题,这都属于顶层制度设计中"经"的范畴。要实现社会的公平正义,首先,"经"必须是好"经",其次,要找"嘴正"的和尚来念,如此才能实现依法治国,依法行政。因而,张水山积极倡导党和政府要建立起好的法律制度,要将法律制度设计交给真正的法律实务专家和理论专家来结合民意共同完成。

张水山认为,律师应充分运用自身的专业素养投身于国家或地方法律法规文件的起草中去,为更好维护社会公平正义,完善法制建设贡献力量。张水山说:"律师的最高境界,就是能参与到国家或地方法律法规的制定。律师如有幸能参与这些法律法规的制定,就应争取使其公平合理、客观可行,从而使广大民众的合法权益得到最广泛的保障。

洛阳的首次"民间立法"——《洛阳市中小学生人身伤害事故预防与处理条例》就是张水山带领王成律师事务所中标起草的。当时,作为起草委员会的主任之一以及主持人,张水山倾全所之力并联合洛阳市四所高校,对洛阳市的各类校园意外伤害事故加以研究和学习,在51日内五易其稿,终于顺利完成了《洛阳市中小学校学生人身伤害事故预防与处理条例(草案代拟稿)》的起草工作;该草案受到了洛阳市民和洛阳市政府、市人大的高度肯定,采纳率高达 90%。2008 年 11 月 28 日,《洛阳市中小学校学生人身伤害事故预防与处理条例》经河南省第十一届人民代表大会常务委员会第六次会议审议批准,从 2009 年 3 月 1 日起施行。

后来,王城律师事务所再次为洛阳市首部地方规章的《洛阳市城市中小学校幼儿园规划建设管理条例实施细则(草案代拟稿)》递交了起草草案代拟稿的投标书,张水山希望再次为推动洛阳市的法制民主化进程贡献自己的一份力量。

张水山说,"在我 20 年的律师生涯中,我当过政府、特大型企业常年法律顾问,代理过多起民商案件。但最让我骄傲的还是《洛阳市中小学生人身伤害事故预防与处理条例》起草和实施。能起草国家或地方法规,这是我们法律人的最大荣光。"

公益诉讼　用法律守护百姓的权益

"敢为天下先。敢说自己想说的话,敢做自己觉得值得做的事。不为五斗米折腰。"这是张水山的座右铭。张水山一直未曾忘记其最初的憧憬,做一个一身正气,打抱不平的"法律人"。在张水山二十余年的律师生涯中,他先后提起公益诉讼六起,其中,状告洛阳市交警支队四大队乱罚款公益诉讼一案、状告武汉铁路局和汉口火车站卧铺票限区域销售公益诉讼一案以及中石化加油搭售添加剂公益诉讼一案等均在社会上引起了广泛关注。在这些案件中,张水山据理力争,争取使相关部门完善了法律制度,也使"法无禁止即自由"的相关法律理念深入人心。

谈及公益诉讼,张水山感触颇多。他表示,现阶段,我国的公益诉讼制度还有待完善,在立法上还存在诸多空白。同时,虽然随着老百姓维权意识的增强,公益诉讼逐渐增多,但很多公益诉讼当事人不会取证、举证、质证,缺乏诉讼技巧和经验,公益诉讼败诉的现象很多。因而,张水山主张律师要多打公益诉讼,这不仅能帮助当事人维护合法权益,也是促使国家法律制度和法制体系完善的一种措施和手段。

除了公益诉讼之外,张水山还孜孜不倦地参加课题研究。2006 年,他参研完成了洛阳市社会科学规划项目《"执行难"问题的研究》,2009 年 5 月他参研完成河南省社科联调研课题《罚金制度重构与和谐社会研究》。这些课题都与百姓生活、法律制度的完善息息相关,张水山一直在践行他学法用法的初衷:仗义执言为百姓。

张水山还身体力行,普及法律。连年来他已多次在新闻媒体上解读热点、难点社会法律问题。其解读的如《为您解读:<劳动合同法>六大热点揭示新变化》《交警扣错车 车主认倒霉?》等都引起了人们的关注。这些解读细致而不枯燥,通俗且易懂,不仅能够帮助人们加深对法律的了解,更重要的是使人们从中学到如何维护个人权利。

作为一名巩义人,尽管身在他乡,张水山仍然积极关心家乡的发展建设。他担任了洛阳巩义老乡经济文化联谊会的副秘书长,还担任巩义多家企业法律顾问,用自己一技之长最大限度地支持家乡经济社会发展。

而今,已过知天命之年的张水山可谓著作等身、荣誉等身,他出版了专著《法庭论剑——刑事辩护代理办案指南》,参著《合同法通论》,并在《河北法学》《律师与法制》《法制与经济》《法制与社会》《河南科技大学学报》《广西师范大学学报》上发表论文 25 篇、以案释法文章 100 余篇,还荣获了"首届河南百姓满意的律师""首届洛阳市十佳法学研究人物"等多个荣誉称号。但他依然执着地为律师事务所的发展而奔走,为维护百姓的权益,国家法制建设的完善而奋斗。

谈及现阶段律师行业的现状,张水山表示,"现在的律师不似以往,缺乏长期储备知识的习惯。而洛阳律师的分配制度还不够完善,整个环境还有需要进一步提升。已经在逐步想办法在做。需要进一步调整。"

如今,河南王城律师事务所是洛阳市的知名所、诚信所,洛阳市司法局先进单位、洛阳市律师协会"践行承诺先进单位"。张水山有意在未来几年对洛阳市的律师事务所进行整合,加强团队建设,着力培养中、青年律师人才,打造一个百人律师事务所。

水之至善,山之厚重,他用坚毅与智慧探索现代法律的殿堂,他用无畏与不屈捍卫社会的公平正义。相信在未来的时间里,张水山一定能够带领河南王城律师事务所走得更远。

依法辩曲直　仗义论是非

——访吉林卓行律师事务所律师白松秋

治国无法则乱,守法而弗度则悖,悖乱不可以持国。

当今社会,合理执法,依法维权,已经逐步走上正轨,国家法治的春天已经到来。在和当今和谐安定的法治社会背后,有一群默默无闻、躬身前行、维护公平正义的使者,他们就是律师,而白松秋便是其中优秀的一员。

让所有的辩护都通往正义

白松秋执业于吉林卓行律师事务所,主要擅长人身损害、合同纠纷、婚姻家庭、刑事辩护以及侵权等案件的辩护和处理。

他曾就职于政府行政执法部门,并主管法制工作,积累了丰富的法律实践经验,勤学上进、厚积薄发,而后通过国家司法考试并取得律师从业资格。谈到律师职业带给自己的影响,白松秋认为,最大的特点就是自律,坦言律师这个职业是需要一生不断学习的职业,只有不断地充实自己,密切关注国家政策变化,熟知法律条款,才能更好地处理案件,维护当事人的合法权益。

周恩来说:"只有忠于事实,才能忠于真理。"公平公正地还原事实真相,惩恶扬善,是律师的不懈追求。忠于宪法和法律,坚持以事实为根据,以法律为准绳,严格依法执业,是律师的职业道德。诚实守信,勤勉尽责,尽职尽责地维护委托人的合法利益,白松秋做到了。

在一例案件中,他花费两天时间,连夜驱车赶往外地,只为取得一个证据。之所以说律师干的是良心活,是因为有时候更多的是拷问自己的良知,该轻轻松松理所应当地拿自己的酬劳还是倾尽全力去帮助当事人,很显然,白松秋属于后者。他说,在开庭前,无论对方有没有支付律师费,都是要将这次辩护完成的。这已经不是工作和报酬的问题,是关系到责任和态度,是律师这份职业带给自己的使命感,同时也是对自己和当事人负责任。

不打无准备之仗

在《孙子兵法》中,孙子这样说:凡用兵之法,驰车千驷,革车千乘,带甲十万,千里馈粮;则内外之费,宾客之用,胶漆之材,车甲之奉,日费千金,然后十万之师举矣。意思是:凡是要兴兵打仗,一般的规律就是要出动战车千辆,辎重车千辆,军队十万人,还要运粮千里;这样一来,前方后方的花费,外交使节往来需要的开支,器材物资的不断供应,武器装备的补充保养,每天都会耗费巨额资金,大军才能够出动。

也就是说"凡事预则立,不预则废"。律师行业更是如此。

秉承着保守委托人的商业秘密及委托人的隐私的原则,白松秋并没有聊很多具体案例,但在访谈过程能体会到他的专业性和务实性。认真专业的职业素养让他不允许自己草草了事,对待每一个案件都严谨、细心,判断事物客观、冷静又理智。

正所谓没有小案子,只有小律师,任何案件对于当事人来说都是至关重要的,判决结果都有可能会影响到一个人、一个家庭或一个企业的一生。作为律师,白松秋一直兢兢业业,严于律己,即使是时间十分紧迫的案件,也要充分了解案情,积极取证,约见当事人,为案件开庭辩护做好充分准备。

谦虚勤奋努力认真,成功总是青睐有准备的人。取得案源从来靠的就是实力和认可,只有对律师的信任才可以将案子委托给对方。日复一日的认真使他在业界得以认可,取得好口碑的同时也拥有了更多的案源。但白松秋对各类案件仍未掉以轻心,而是更加谨慎地去面对每一次工作。

功夫不负有心人。白松秋凭着高度的自律性和过硬的专业能力,能妥善处理各类复杂案件,使当事人的合法权益得以最大限度维护。正如他的执业理念:合理维权,服务社会,做合法权益的守护者。

坚持对公平、正义的信仰与追求

说到我国的律师保护机制,白松秋认为我们国家律师的保护机制立法对比海国外来说,已经很完善了,律师执业并非是单枪匹马独自战斗。国家法律已经较为完善,我们的社会是和谐稳定的,这是西方国家自叹不如的。几千年的中华文明传承下来,国民有固有的生活方式和逻辑思维以及对事物的理解能力,使我们的社会治安较西方国家安全得多。一方面是因为国家强大,另外一方面是由我国公民的基本素质决定的。

白松秋说:"和平年代,安居乐业,现在我们国家的管理能力是几千年来最强的,在法律框架下,每个人的自由度非常高,老百姓遇到事情正偏向于通过法律途径解决,人们相信法律的公平公正,越来越多的人认识到这一点。"

现在律师的作用不仅仅体现在诉讼需求上,同样生活中非诉讼业务的需求也在逐渐增多,律师队伍相较于西方国家,我们是少了一点。美国每两百人中就有一名律师。以后律师行业的发展方向,可能向非诉讼业务拓宽,但能把非诉讼业务处理好是建立在诉讼的基础之上的,只有不断地积累经验,才能更加妥当的地处理遇到的一些问题。就像企业要有法律顾问,帮助企业解决法律层面的问题以及审查合同等。在公司经营过程中会遇到的问题,律师都能提前预判,拿出一些具体的措施来,未雨绸缪,能为企业省去很多不必要的麻烦。

我国的诉讼案件中家庭婚姻案件最多的是离婚财产分割问题,但这其实是可以避免的,比如婚前财产公证和签订婚前财产协议等,就能很大限度地避免因感情纠纷而引起的财产分割问题。因此,律师会提出一部分合理的建议,对这些问题都能起到防微杜渐的作用。

2018年以后,通过国家司法考试的人员可能大量被吸收到政府的法制部门,这些法律方面的专业人士,进入司法部门,懂专业知识,能更好地贯彻国家法律法规,也能够相对保护当事人的一些权益。知法才能更好地执法,便于法治工作的开展和进行。

心宽一寸,受益三分

俗话说,性格决定命运,气度决定格局,细节决定成败,态度决定一切。

白松秋认为,作为一名律师,对性格是有一定要求的。性格往往决定了一个人的发展方向,作为律师,要保持理智,遇事冷静,客观的地去分析案件,既要努力寻找对方的破绽,也要充分估计委托人的不利方面,知己知彼才能更好地准备预案,百战不殆。同时要有敏锐的洞察力,实时关注案件进展,积极调取有利于当事人的证据,还原事实真相。

已过不惑之年的白松秋坦言,在从事律师行业以来,还没有遇到过特别难沟通的当事人,现在人们的文化程度普遍都有所提高,同时法律意识也逐渐增强,这对于从事律师行业的人来说,无疑是减少了工作障碍,提高了工作效率。熟练的业务能力也使得他在工作中能快速判断案件的症结及胜算率,心中有数,处理问题得心应手。

现在的白松秋早已是业界的领军人物,但生活中他并没有过多的应酬,而是喜欢下下围棋、阅读各方面书籍,丰富自己的头脑,时刻清醒睿智,时刻准备投入诉讼战场。

一个能力极弱的人肯定难以打开人生局面,他必定是人生舞台上重量级选手的牺牲品;成大事者关于在自己要做的事情上,充分施展才智,一步一步地拓宽成功之路。

作为律师,面对不规律的工作时间、高强度的工作内容,没有压力是不可能的,但白松秋全程都是以很愉悦的状态在讲述他的工作,聊天氛围十分轻松,让人觉得如沐春风。没有抱怨、没有哀叹、没有悲观,有的只是对当今社会法律体系的肯定以及对我国社会环境的自豪感。如此豁达的人生境界想必跟心态有很大关系,强大的内心足以让他抵抗外界的风雨,专业的业务能力让他在工作中游刃有余,乐观积极的心态让他在生活中轻松自如,如此,怎会不成功!

律师兴,法治兴;法治兴,国家兴

白松秋说:"作为律师,出售的是无形资产,要对当事人负责。"认认真真做事,踏踏实实做人,法治社会的律师应该是以当事人的合法诉求为己任,寻求事实真相,伸张公平正义。他做到了。

"法治社会下,律师存在的价值,是维护当事人的合法权益。认真、谨慎的履行自己的职责,严格要求自己,遵守职业道德和执业纪律,坚持对公平、正义的信仰与追求,不断提高承办案件的质量和水平,才能不断展示新时代执业律师的时代风采,树立当代律师对人民无限忠诚,对社会甘于奉献的崭新形象。"白秋松这样说道。

在迷雾重重中寻找光明,在律法典海中寻求答案,在环环相扣中抽丝剥茧,在法律的天平上寻找正义的砝码,处理一起法律事务均力争取得法律效果、社会效果的有机统一。为社会提供更为优质的法律服务。这就是律师的价值。

诚信、睿智、善良、责任、自律,这就是律师,这就是白松秋。

用行动维护法律尊严

——访广东粤高律师事务所知名律师蔡泽恩

诸葛亮有言:"刑罚知其所加,则邪恶知其所畏。"意思是说,只有当人们知道因为什么而遭受刑罚时,那些心怀邪恶念头的人才会心存畏惧,这个社会才能稳定、和谐。

法律在现今社会的意义正是这样,为人们的行为划出不可跨越的底线,才能避免一系列社会问题的出现。

广东粤高律师事务所律师蔡泽恩,正是一位法律的捍卫者与人们利益的守护者。他以法律为武器,来与这个世界上尚存的一些黑暗面做斗争,努力地维护公民合法权利,依靠自己的努力,为构建和谐社会贡献自己的力量。

少年梦始·浩然正气

蔡泽恩出生于一个普普通通的家庭,在他小时候,每当看到有人遭遇不公正的对待,又无力保护自己时,他就希望有人为这些合法权益受到侵害的人仗义执言。幼时的他尽管懵懂,却已经在心里种下了一颗公平正义的种子。

上大学时,蔡泽恩选择了法律相关专业。系统学习了专业课程之后,他对法律有了清晰的认知。他深知法律是社会得以正常运转的基石,也是每一个公民合法权益的保障,法律对于社会的发展与稳定至关重要。

在蔡泽恩看来,法律不只是高高在上的权威和约束人们行为的准则,它在很多时候是一种工具,可以帮助人们解决现实生活中的纠纷,使每个人得以在法律的庇护之下安稳地生活。法律的价值本身也不在于文书上的各项条款，而是表现在处理各类具体繁琐的事件上。

很多人认为，律师一直在和社会的阴暗面接触，难免会被这些负面消极的东西影响。但蔡泽恩并不这么想，他认为这些所谓的阴暗面其实反映了一定的社会问题，问题本身并不可怕，关键在于如何解决这些问题。只要律师自身的心理素质足够强大，拥有广阔的胸怀，对那些不如人意的事情就能够秉持冷静客观的态度淡然处之。

蔡泽恩始终相信，世界上美好的事情更多。他认为，律师的工作不仅仅是打官司，为每一件事都争一个是非黑白，这样来定义律师的工作未免太过狭隘。他其实更愿意凭借自己的法律知识，协调矛盾双方或者说是规范企业的行为，为企业间的合作保驾护航。只有这样，法律才能在更广阔的平台发挥作用。

世人都说律师是正义的化身。蔡泽恩正是这样要求自己的，他时时刻刻为客户着想，切实保障他们的合法权益。

逐梦路上·道阻且艰

很多人觉得律师是一个很好的职业，薪资水平高，又能接触到社会各个阶层各个领域的人，发展前景一片光明。但任何人想要开创一番事业都不是简单的事，对于蔡泽恩来说也是如此。

蔡泽恩在明确自己未来的职业追求后，先是通过努力通过了司法考试，考取了律师从业资格证书，获得了律师行业的准入条件。

通过司法考试还仅仅只是第一步，要成为一名优秀的律师，他知道自己还有很远的路要走。毕业之后，他找到一家律师事务所，因为刚刚毕业缺乏实践经验，他就从助理律师助理开始做起，向经验丰富、业务熟练的律师学习，在协助处理实际案例的过程中不断锻炼自己的能力。慢慢地，蔡泽恩从助理律师做到实习律师。2009年，他在湛江市霞山区人民法院民二庭工作，2010年开始接触法律实务工作，一步步地成长为能独当一面的律师，开始独立承办案件。24岁那年，蔡泽恩成为中国执业律师，是中国最年轻的律师之一。

马云说过这么一句话："昨天很残酷，今天更残酷，明天很美好，但很多人死在了今天晚上。"这句话同样适用于律师行业，有多少法学专业的学生，扛过了大学四年的相关课程和考试，扛过了司法考试，却在进入律师事务所实习的过程中选择了放弃。刚刚进入这一领域在律所做律师助理或是实习律师的时候，基本上没有或是只能得到很少的报酬。因此一些人因为无法忍受这样的待遇，选择考公务员或者转行，寻求更加稳定的工作。

蔡泽恩也并不觉得这些人有什么错，都是个人选择而已，只不过他选择的是坚持。漫长的准备期也好，最初独立承办案件时客源很少也好，他相信只要他足够努力、踏实，并坚持下去，就一定能克服种种困难，成为一名优秀的律师。

功成名就·不忘初心

蔡泽恩认为："衡量一名律师的价值不在于他的学历有多高、名气有多大，而在于他能否用心、细心地为当事人服务。"从业这些年来，他凭着用心、务实的信念，不断深化自身知识结构，深挖各个案件的具体情况，设身处地为当事人着想，多次受到当事人的好评，成为当代青年律师中的佼佼者。

如今，他不仅熟悉诉讼流程，掌握多种案件的办案技巧，在处理民商事合同纠纷、房地产纠纷、债权债务纠纷、人身损害赔偿纠纷、婚姻家庭纠纷、公司法律事务、交通事故、劳资纠纷、知识产权等业务领域都取得了不俗的成绩。

2013年，蔡泽恩开始接触投资并购等非诉业务，曾参与博润上海投资昆明普尔顿股权增资扩股、博润环球投资宝藏项目（PE）、中国联塑收购佛山益高卫浴收购、清远日利木业收购、安徽新华联材料收购等项目，参与广州"领尚生活"项目的策划、设立以及筹备工作，并担任广州博润创业投资有限公司、广州市领尚家居用品有限公司的常年法律顾问。

尽管今天蔡泽恩已经功成名就，但他始终不为名利所动，坚持本心，用心务实地为客户服务。真正的名气从来都不是依靠大肆宣传得到的,他相信只要把手里的案子做好,满足客户的诉求,就能一点一点获得好的口碑,打响自己的品牌。

处理大案的律师往往容易受到关注,但蔡泽恩更加看重当事人隐私的保护,因此丧失很多博取关注赢得知名度的机会。蔡泽恩真正看重的是客户的认可和肯定。

这些年来,蔡泽恩坚持用心、务实的原则,设身处地为当事人着想,以自己的专业知识和素养为当事人提供法律帮助。正是因为有他这样的律师的存在,才让更多人懂法用法,用法律来保障自己的合法权益。在未来几年里,蔡泽恩还会不断学习,关注新兴企业的发展,实现法律与企业的完美契合,以此来拓宽自己的专业领域。

蔡泽恩用自己的实际行动,诠释着法律存在的意义:为每一位公民保驾护航,让他们沐浴在公平正义的阳光之下。

行走在法律路上的"守夜人"

——访江苏凯归律师事务所律师成红五

随着我国法律制度越来越完善,公民法律维权意识越来越增强,律师职业也越来越受到社会高度关注。在普通人心中,他们的生活等同于工作,光鲜的职业外衣和高收入光环之下,是无暇享受生活的繁忙,唇枪舌剑中充斥着理性和犀利。然而,卸下律师这个职业外衣,他们的背后又有着怎样不为人知的故事经历? 在严谨高压的工作背后,他们又有着怎样丰富多彩的生活?

多年来,成红五在高校担任法律教师,传授法律理论知识,掌握全面专业的法律知识,数十年的理论工作让他对法律行业有了自己独到的见解。为了实现自己的律师梦,成红五怀着满腔热情,在不惑之年毅然投身江苏凯归律师事务所,成为一名专职律师。从业至今,成红五以专业的法律服务,细致的工作作风处理了上百起案件,赢得了客户和业界的一致认可。

在积累中求变　成为刑辩先锋

20 世纪 60 年代正值"文化大革命"时期,成红五响应国家号召,选择下乡基层当知青,尽管基层条件十分艰苦,但成红五始终敬业劳作,与农民一起面朝黄土背朝天地劳动着,长期的艰苦工作锻炼了成红五坚韧的意志和强劲的体魄。为此,结束知青生涯后,成红五毅然选择去安徽当兵,成为一名军人。

1978 年,国家恢复高考制度,成红五深谙知识是改变命运的最好途径。为此,他积极备考,为了将落下的功课补上来,成红五常常挑灯夜战,复习累了就和衣而睡。

天道酬勤,天不负有心人,成红五以优异的成绩考上大学,攻读法律专业。谈及选择法律专业的初衷,成红五表示:"我的父亲是一名党员,一直在高校工作。从小起,父亲就教育我做一个正直善良的人,要用自己的能力帮助他人。所以,我一直梦想着成为一名律师,为百姓维护权益,捍卫公平正义。"

在大学学习期间,勤奋的成红五还在党校学习自考的课程,但由于当时的党校并没有颁发律师证,毕业后的成红五选择留校从事教学工作,为学生讲授法律理论知识,这一干就是几十年。数十载磨一剑,成红五在此期间积累了大量法律知识和社会案例,拓宽了自己法律视野。成红五表示:"留校工作的经历十分难忘,对我的帮助也非常大,看着一批批法律专业的优秀学生从学校毕业,能够为社会做出自己的贡献,我感到十分自豪,因为 20 世纪 80 年代的中国太需要这样的法律人才!"

谈及 20 世纪 80 年代的法律环境,成红五表示:"当时国内法律还不健全,冤假错案时有发生,我印象最深的就是严打的时候,有的当事人的行为并不构成犯罪,没有经过有力的辩护,没有律师的介入,仅仅因为庭长个人发表的意见就直接定罪,当事人被判为死刑执行枪决。我当时的想法是不希望这样的案件再出现在我的眼前,我想要改变这样的现状。"

唯法为判,不忘初心

优秀的律师常被形容为"行走在法律和正义间的使者",这无疑是对律师价值的高度评价。对成红五而言,"最大限度地维护当事人的合法权益,努力实现社会的公平与正义"一直是他多年来矢志不渝的追求和目标。

成红五表示:"一名律师必须具备三种品质。首先,要坚持初心,不为利益诱惑所动,时刻铭记'自己为何成为律师,为谁成为律师';其次,要坚持事实,以法律事实为核心,为法律条例为依据,公平公正地维护当事人的合法权益;最后,要坚持公平,接手的案子不管大小,都要认认真真对待,把每一个案子做到极致。"

成红五坦言:"律师职业的专业性很强,并不是所有人都适合,许多获得了律师执照的从业者都存在着高分低能的状况。对于刚刚步入这个律师行业的新人而言，首先会面临的一个状况是要耐得住寂寞，用一两年时间乃至更长的时间去锻炼实践能力，在积累中沉淀自己、打磨自己，等待金子发光的机遇。" 为了积累经验，成红五在党校学习的时候，认识很多公安机关的工作人员，把他们的一些案件材料，都有所学习和了解，特别是很多不好办的案子，很多大案件、不好办理的案子他都主动协助处理。

在成红五看来，一个案件会远远超过课本上的东西，让他至今印象深刻的是多年前的一起刑事辩护案。当时在扬州的一个区，当事人自编广告推销药品，属于合法行为，但由于广告中涉及部分淫秽内容，司法机关就将其定义为犯传播淫秽物品罪，判处当事人十年以上有期徒刑。成红五认为这样的判处有失公允，他以法为剑，据理力争，多次强调犯罪的定义是对他人、社会造成严重危害影响，而当事人的行为仅属于推销产品行为，并不构成犯罪。

当时检察院的工作人员请示过法官，程序上基本定罪，很多人都劝成红五放弃申诉，但是成红五表示："没有任何理由让我放弃当事人，没有任何借口失去法律公正。"

成红五翻阅了很多书籍来举证犯罪判处罪名不成立。成红五认为："不论有多大困难，都要帮助当事人去争取，我相信自己，一定能争取他的合法权益，我的客户也相信我。"尽管成红五的行为让法院的工作人员下不了台。但他认为，司法机关一定要根据实际情况合理定罪。

除此之外，成红五还谈到另一起案件——当事人开展销会销售产品，产品的价格成本为 300 元，但是销售价格达几千元，为此，公安机关认为这属于诈骗行为，将几十个人都抓走了，但是成红五认为，商品销售是为了追求利益的最大化，并不构成诈骗犯罪。所以成红五搜集证据，在法庭上义正词严地阐述本案的关键点以及判决误区，把几十个人都取保候审了，并且通过辩护最终推翻了之前的罪名。

"20 世纪八九十年代不健全的法律造成了社会上许多冤假错案，所以国家法律一定要不断完善，才能更好地保障人民的权益不受侵害，有法可依，有法必依，执法必严，违法必究。"成红五坚定地说道，"一次错误的判罪比十次犯罪还要严重，司法是我们国家法律的最后一道防线,需要更多的律师来维护。"

力学笃行,精益求精

作为一名优秀的律师,成红五强调,律师和法学家不同的是,律师追求的是当事人的权益最大化,"公、检、法"三家配合,律师就是合辩护,因为刑事辩护取证空间不大,都要依靠公安机关提供的证据去分析了解。

他强调:"律师是当事人和公安、检察院、司法机关法院的中间人,律师首先要做的是,在情绪上缓和矛盾,不要和法官对立;在程序上,要帮助当事人争取到权益;在安全上,要注意一点保护当事人和自己的人身安全。特别是取证方面,搜到证据后,要先向公检法机关提供材料,保证证据的合法性。"

成红五秉承着"以勤奋刻苦,保护委托人利益"的理念,在执业期间,他始终保持着学习热情,力求替委托人谋取最大的利益。随着案件广度和深度的提高,见过无数冤假错案,成红五更加坚定自己的想法和做法,律师应该为了公平正义而存在。律师主持正义,又不免接触世态炎凉,甚至社会的阴暗面,但成红五依然保持着"出淤泥而不染"的初心,他用自己的行动诠释了律师的职业道德和做人的良知,不断向他人向社会传递着正能量。

对于律师行业的未来,成红五认为,律师要顺应时代和环境,但是顺应的同时要不抛弃不放弃自己的底线,做事力求沉稳。在律师行业,如果想成为一个很成功的律师,就要坚持自己的底线,不盲目迎合他人。

在律师行业,像成红五一样,为了不断健全国家法律而努力的从业者不在少数。正是他们在前方披荆斩棘,正是律师群体的不懈努力,法律公平才能得以伸张,社会经济才有了最坚强的后盾。我们也坚信,成红五律师和江苏凯归律师事务的全体员工定会不断贡献自己的力量,成为当事人身后最坚强的后盾!

细节决定成败 法律惠及民众
——访广东华杨律师事务所专职律师邓坤君

古希腊哲学家亚里士多德曾经说："法律就是秩序,有好的法律才有好的秩序。"这句话不仅没有随着时代更迭而泯灭,反而愈加历久弥新。

在当代社会,法律不仅是维护国家稳定以及各项事业蓬勃发展的最强有力的武器,也是捍卫人民群众权利和利益的工具。

而想要整个法律系统有序运作,构建和谐稳定的社会环境,除了政府、完备的知识体系和懂法配合的普通民众之外,还需要有独立自主的法律专业人员。

广东珠海的邓坤君律师正是这样独立专业的法律人员,他立志用自己的专业知识,为了保障法律的公平正义、保障公民的合法权益以及保障国家稳定而奋斗终生。

梦起——选择法律, 矢志不渝

上大学那年,邓坤君考上了北京大学法学系法律专业,从自此打开了他通往法学的大门。

随着大学四年日渐深入的学习,他对法律开始有了更加深入的了解,他深知完备的法律体系和精准的司法执行,对于一个国家来说有又多么重要的意义,他也知道只有通过法律的途径,普通民众才能够有效地保障自身合法权益不受侵害。于是大学这几年,他愈发努力地学习法律相关的专业知识,想要通过自己的努力,为社会更好的发展和人民更美好的未来贡献一份力量。

然而,事情不是总会符合我们的期望。大学毕业以后,他到一家国企工作,可是在这里他学到的法律知识基本上没有用武之地，他也因此无人赏识，郁郁不得志。但邓坤君并没有从此消沉下去，他始终保持着有一颗对法律的赤诚之心，相信自己的刻苦所学终有一天会发挥作用，他会在更广阔的舞台之上施展拳脚，实现自己的抱负和追求。

后来恰逢国企改制，邓坤君也走到了人生选择的岔路口。他不想在体制内继续碌碌无为，空怀满腔热血与一身的专业知识，于是毅然决然地选择离开原来的企业，重拾自己落下的法律知识，回归最初的梦想——成为一名律师，为保障人民的合法权益和建设和谐的社会而付出毕生自己的努力。

回归之路却并非常人想象的那般容易，他需要补上落下的知识，考取律师从业资格证，从零开始积累从业经验，一点一点学着和客户沟通，学着如何取证、如何辩护。这一切都很不容易，单单律师资格证邓坤君就整整考了四次，但他没有气馁，反而带着势必须成功的信念，愈挫愈勇，终于在 2010 年，他拿到了律师资格证。这也代表他带着对法律事业的热爱，终于得到了应有的回报回归到律师行业中来。

虽然邓坤君最终选择回归法律行业，但这也并不代表他此前的那些年均是虚掷光阴。事实上，在国企多年的工作，在一定程度上也为他此后的事业积累了人脉，也让他增加了不少的了社会阅历，人脉意味着更大范围的案源，而社会阅历则会影响人看待问题的角度和方法。而这些，这对每一个律师来说都是一笔宝贵的财富。

拼搏——千磨万韧，厚积薄发

想要成为一名优秀的律师并从来不是一件简单的事，这路上满是坎坷艰险，也荆棘遍布，而邓坤君的可贵之处，就在于那份"明知山有虎，偏向虎山行"的勇气与豪气。他知道前路艰难，但有心底那股力量的支撑，他相信自己能够克服一切可能出现的困难问题，开创辉煌的未来。

在刚刚进入律师行业的时候，邓坤君遇到了他职业生涯的指路人——莫杨阳志律师，莫杨阳志律师作为邓坤君初入行业的老师，给予了他很多帮助，这也在很大程度上支持着他走过最初那段艰难的时光。

作为一个初出茅庐的新人,在工作中其实难免会被前辈支配去做各种琐碎的事情,但邓坤君很幸运,他遇到的老师不是把他当作廉价劳动力,而是真心诚意地把他作为未来的优秀律师来在培养。邓坤君从老师那这里最初接触到整个案件的处理过程,他学会到了该如何由浅入深地接触并分析案子,学会了如何与当事人沟通,学会了怎么关注细节而取得重要的突破口。更重要的是,老师以自身的行为教给他以柔克刚的重要性,避免了他因为性格冲动而出口失言。邓坤君始终对老师充满着感激,老师为人处世的方式姿态和对待工作的专业态度都对他产生了极深的影响。

当然,好的指路人能让人少走很多不必要的弯路,但想要成功,最重要的依旧是自身的努力。

邓坤君自从业以来,就不断地通过学习来补充自身的专业知识,只要有空,他就会看大量的案例,关注一些司法解释,并且,他在和各行各业的人打交道的时候也会处处留心注意,这样不仅能够丰富自身的阅历,在一定程度上也能扩展案源。直到今天,他还保有 20 多个行业的微信群来和同行们沟通交流最新案例和法律法规。

邓坤君始终相信细节决定成败,因为优秀律师的价值并非在于人人都能接手的案子,而是在于能够把别人接不了的案子做成功。而做成这种案子的关键,就在于细节。于是他在处理每一个案件的时候,从最初接受委托,到后来搜证论证,到协调各方关系,甚至到最后的呈堂辩护,无一不注重细节的把控。能够用心观察,在细微之处找到突破口,取得关键性进展,对于一位律师来说尤为重要。

这些年来,他遇到了很多困难,但他始终能够乐观地面对这一切,并积极地找寻解决办法。也正因如此,他拥有了如今傲人的成绩。

初心——践行公益, 普法民众

尽管邓坤君在事业上已经非常成功,但他从来没有忘记自己为何选择走上律师这条道路,他想做的是让这个世界所有人都可以通过法律的武器来保护自己的合法权益,他希望的是这个社会在法律的庇佑之下愈加和谐。

但是理想与现实总是有着很大的差距,他慢慢地发现,社会上的很多人、我们很多的社会公民并没有很了解法律,用法律保护自己就更是无从谈起。那种无论老少、无论贵贱都能懂法用法的情形还离我们还有着很远的距离。

这并非是邓坤君愿景中法律社会的样子,但他愿意为理想中的家园而不懈的努力。因此,在正常承接案子之外,他还为很多家庭条件不好的当事人做了法律援助,上进山下乡去为农村的人们讲解最基本的法律知识,定期自愿到看守所为关押在所人员普及最新的法律法规。他坚信,只有当法律能为所有人服务时,法律的真正意义才会得以彰显。

曾经有一次,邓坤君接了一个非常棘手的法律援助刑事的案件子,当事人。一审被判有期徒刑十五年,当事人及家属不服一审判决,于是找到邓律师。当事人被指证打死了人,因为七个被告中有六个都指证他打中被害人后脑勺使人致死。邓坤君在接手这个案件以后,详细查阅了全部案卷材料,对每个同案的讯问笔录进行摘录、对比,但无法从同案的讯问笔录中找到突破口,于是邓坤君突发灵感地想到从法医鉴定意见中找到辩点,邓坤君认真查阅、分析法医鉴定意见,从下班一直查阅到凌晨五点多,终于在法医鉴定报告中发现被害人后脑勺没有皮外伤只有内伤他的委托人被指证打死了人,因为七个被告中有六个都指证他打中被害人后脑勺使人致死,他的委托人被判了十年的有期徒刑。邓坤君在接手这个案件以后,详细地查看了法医的鉴定报告,发现被害人后脑勺没有皮外伤只有内伤。他凭借身为律师的直觉和多年从业的经验告诉他,这将是这个案件的一个突破口,于是邓坤军君针对这个情况咨询了专业医生,得到了后脑勺没有外伤绝对不会是因敲击后脑勺而致人死亡的结论。因为他对待工作认真、细心,找到了旁人很难注意到的细节,从而突破了案件,让委托人得以减刑很多年,使其权益得到保障。

很多人只能看到了律师的外表光鲜,收入颇高,工作自由,却很难看到一起成功的案件背后凝结了律师多少律师的心血操劳。在邓坤君看来,工作辛苦从来都不是让他沮丧的因素,因为没有人能够轻轻松松地就能过上舒适的生活,更何况他认为自己的职业已经比很多体力劳动者轻松了很多很多。

真正让他揪心的是,在于有些当事人会不顾事实情况和法律准则而提出过分的要求,而自己怎么解释法律条文他们都听不进去,这在一定程度上反映出国民的法律素养还是不够高,也让邓坤君更加坚定地在普法惠民的道路上继续前行下去。

邓坤君一路拼搏至今,获得了行业内的认可和社会上的各种荣誉,但对他来说,最重要的从来都不是所谓"优秀律师"的荣誉称号,而是更能够被广大的民众认可,运用法律知识帮助更多需要帮助的人,这才是他身为律师最想做的事。

在今后的日子里,他还会不断地努力,不断提高精进自身的业务能力,也进一步拓宽自己的业务范围。他想做的,不仅仅是让自己过得更好,更是想要让周围更多的人都懂法用法,依法维权。

邓坤君以其耐心、细心、诚心,在细微之处取得执业案件的成功,让更多所有的人都能在法律的庇护下安稳地生活,也让社会得以更加美好。

勇于"亮剑" 守护正义的天平

——访北京盈科(成都)律师事务所高级合伙人都燕果

古有谋士,可运筹帷幄,决胜千里;可朝堂辩论,舌战群雄。而今,这样的能人异士的故事已然远去。但在繁华的都市,在偏远的乡村,在喧闹的街道,在秩序井然的公司,还有这样一群人,他们博览群书,将国家律法倒背如流,为维护法律的尊严披荆斩棘;他们严谨理性,将捍卫当事人的权益视为使命,为守护正义的天平据理力争。他们在无数个星夜挑灯夜战,于绝望中寻找希望,为法律插上正义的翅膀,为当事人点亮希望的曙光。他们有一个响亮的名字——"律师"。

他是巴蜀大地律师界的一颗明星,他"有信仰",为捍卫当事人的权益坚持到底;他"有性格",敢于"亮剑",更善于"亮剑";他"肯学习",以终身学习为方向,坚信"善良总会笑到最后"。他就是北京盈科(成都)律师事务所高级合伙人都燕果。

始于兴趣 终于信仰

孔子有言:知之者不如好之者,好之者不如乐之者。莎士比亚也曾说:学问必须合乎自己的兴趣,方才可以得益。历史已经雄辩地证明:兴趣是最好的老师。都燕果的故事再次验证了这一点,并对其做了进一步诠释:兴趣指引方向,而适合奠定前行的基石。

作为巴蜀大地律师界的明星,大学毕业后,都燕果没有选择从事与自身专业相关的法律行业,而是选择了经商。由于商业纠纷,都燕果经常需要与法律打交道。在此期间,随着实践经验的丰富及业务需求,都燕果与律师队伍往来密切,对法律行业的了解也逐步加深,对律师这一职业的兴趣也日渐浓厚,并加入了律师行业。

都燕果的这一选择不仅与其专业、兴趣相关,也结合了自身的社会经验及性格特点加以考量。他表示,适合自己的才是最好的。三百六十行,行行各不同。律师行业门槛高,难度也大。就律师这一职业而言,掌握专业知识,熟悉法律条文,拥有一颗捍卫当事人权益的心还不够,更重要的是,律师必须要有自己的性格,要有自己的判断和坚持。都燕果认为自己是一个做业务有性格,甚至可以称得上是"吹毛求疵"的人。他有自己的判断和选择,案子不接则已,接了必定全力以赴。每一个案子他都认真去琢磨,不只是法律问题,还包括各方当事人的立场和想法,以求寻到解决问题的最佳策略。都燕果的这种判断与坚持得到了当事人及律师界的认可,他说"大家都认为我适合做律师,我也这么认为"。

"兴趣"、"适合"是都燕果十余年来执着坚持的动力源泉及态度倾向。然而,都燕果所付出的艰辛与对律师事业的执着却远不止如此。于都燕果而言,做好法律工作,守护公平正义已成为一种信仰。他认为律师行业相对公平,所有工作范围内的行动都是为了维护当事人的合法权益,因而律师一旦接受了当事人的委托,就必须想尽一切办法提供帮助,以不辜负当事人的委托。在这服务与被服务的过程中产生的是一个良性循环,律师在其中所获得的除了较为丰厚的待遇之外,更重要的是在这个过程中所产生的成就感,这是其他职业所不一定具备的。从业十余年来,都燕果所处理的案件已超过千起。他从一个初出茅庐、不知名、无经验的新人律师成长为"中国十大网律"和律师事务所高级合伙人,改变的是他的工作方法和处事技巧,而他对律师的职责与判断却愈发明晰,对律师行业的信仰却日渐深厚。

都燕果说,"律师的职责是维护当事人合法权益,维护法律的正确实施,维护社会公平和正义,必须为整体社会利益而服务。然而,和奋斗在学术、理论前沿的法学家比起来,律师的工作更多是实践方面的,必须在现成法律的框架下执业,具有一定局限性。因而,律师职业只是法制建设中的一部分,律师不能代替法官,把自己当作正义的最终审判者,这不是律师的职责,也非律师能力所及。公正、专业地为客户辩护,维护客户利益才真正体现了律师的道德正义。"

都燕果还指出,都说律师执业过程中要维护公平正义,但这种对正义的维护并不是抽象的,而是在控辩双方大量的对抗与较量之中体现。律师必须按照可以找到的适当证据,利用合法的技巧为客户辩护。去伪存真,最大程度上发掘真相,从而帮助法官做出最接近公平、正义的判决,才是真正将维护公平正义落到了实处。

勇于亮剑　善于亮剑

"法律是利剑,律师就是剑客,要敢于亮剑、善于亮剑,要树立睿智稳重、豁达大度、认真负责的执业风格,提供诚信高效的服务。"这是都燕果的座右铭。它无疑揭示了都燕果对于律师职业素养与工作方法的深刻见解。

都燕果认为,从职业素养来看,律师必须敢于亮剑,必须要有自己的性格,要有自己的判断和坚持。在律师执业过程中,没有虚无空洞的正义,只有具体、详实、严谨的取证与辩护。在这一过程中,有黑有白,有阴暗也有人性的光辉,律师必然要面临大量的利益冲突,有原则、有坚持,正义的力量与光辉往往就在这种博弈中体现。

而从执业方法来看,律师这一行业的复杂性与高要求决定了律师必须有自身的办案风格与办案技巧。都燕果表示,就法律而论法律的律师很多,但只有能跳出法律看待问题的律师才是真正的"剑客"。作为一名资深的"剑客",都燕果也早已摸索出了一套符合自身性格的"搏击术"。

都燕果认为,作为一名律师,必须思考三个基本因素。"自身定位"、"客户需求"及"法官立场"。具体而言,首先,从"自身定位"来看,一个人的精力必然有限,律师必须找准定位,善于抓住机遇,才能迅速提高自己。对职场新手而言,一开始,高端法律服务市场业必然已被老牌律师们占据,强行挤入无异于虎口夺食。面对一片"红海",该如何去寻求突破,这是每一个初入职场的律师所必须面对和思考的问题。都燕果选择了从争议解决业务寻求突破。大量诉讼案件的磨练,不仅使他迅速理解到真正的法律风险以及"证据链"意识,在这个过程中体现出来的专业与负责也为都燕果积累了很多客户。如今看来,似乎一切都十分顺利,但这却是其无数个为了案卷辗转难眠,为了取证风雨奔波之后的硕果。

此外,从"客户需求"来看,律师还需要理解客户需求,为客户提供有商业价值的法律解决方案。他表示,律师不能简单地就法律而论法律,还要站在更高层面去看待风险和收益问题,要理解客户为什么要提出这样的要求,在理解的基础上对案件进行多方面、多角度的论证,只有这样,在法庭上才能做到沉稳、严谨,游刃有余。

最后,从"法官立场"来看,律师并不是正义与公平的审判者,并不具备裁决权。因而,律师必须了解法官立场。都燕果直言,"理解法官审理案件的逻辑,站在法官的立场上想问题,是一个优秀的诉讼律师需要具备的能力。诉讼的目的不是为了战胜对方当事人,而是要争取法官。"因而,从法官立场思考问题,也是都燕果的出庭辩论技巧之一。

作为一名知名律师,一直以来,都燕果为法律界所关注的多为其所办案件及办案风格,但没有人能随随便便成功,在大量鲜花与掌声的背后,是废寝忘食的全身心投入,不计报酬与结果。在采访中,都燕果表示,从业十余年来,他几乎没有假期和周末,忙碌是工作和生活的常态。他说:"互联网的繁荣,使雷军那句'站在风口上,猪都会飞'红了,人人都在强调机遇、趋势的重要性。我还是想说历史的进程固然重要,但是也不要忽略个人的努力,没有过人的实力,'飞'不了多久也会摔下来。"没有小案子,没有小事情。始终抱着严谨的态度,全身心地将每一个案子落到实处,这是都燕果的又一种坚持。

除了强调自身的努力之外,都燕果还十分强调团队的重要性。都燕果表示,团队文化是一种工作环境,一个出色的领导必须能让团队成员安心工作,让每个人发挥最大的能力。律师行业中,团队分工十分必要,对于重大法律事务,更是需要专门的律师工作组。因此,都燕果花了大量精力将团队各成员的特长进行优化组合,合理利用每个成员的专长和社会资源,汇聚集体的智慧为当事人提供优质、全面、高效的法律服务。2010年5月,都燕果创办了精英律师团。现阶段,该律师团已成为业界的标杆,堪称集体智慧最优利用的典范。

终身学习　守护正义

都燕果说,"每个人都是从一个毫无实战经验的选手摸爬滚打起来的,若不是遇到贵人相助,成功的机率是微乎其微的。"都燕果对其从业之初教他的老师充满感激。老师大胆放手让都燕果去闯荡、历练,这份肯定与信任给予了都燕果激励与自信,使其在一次又一次坎坷中不断前行。而都燕果也以其实力与成绩回报了这份最初的肯定与信任。

当然,都燕果回报的不仅是自己的恩师,他还勇于"亮剑",担负起维护正义的责任,回报社会。都燕果表示,有的时候选择业务不一定看重其收益,而是从是否有利于社会改良的角度去考虑。也许有的项目规模不大,对改良的贡献也不够多,但只要对社会有益,他都会尽量去做。

同时,都燕果始终关注中国法制建设的发展,对中国法律体系完善充满信心。他指出,现阶段"基本上任何纠纷都可以做到有法可依,但是目前存在一些法律原则虽然理论上十分公平正义,但实施起来却仍然存在很多问题,各地的处理方法也不统一,但是一切都在朝着更完善的方向发展"。

谈及未来的发展规划,都燕果表示,"未来 20 年中国法律行业将发生巨大变革,其变化程度将超越过去两个世纪的总合。而低价竞争和新技术革命将是法律行业的两大主题。"都燕果认为,面对低价竞争,打造品牌无疑是提升议价能力的最直接方式。律师服务的本质是智力服务,因而以专业服务塑造品牌将是都燕果坚持发展的方向。

在新技术革命方面,都燕果十分看好人工智能对法律服务模式革新的影响。他表示,随着互联网以及人工智能技术的飞速发展,全球各大公司都纷纷投资人工智能,如 Facebook 的 FAIR、Google 的 Deepmind、IBM 的 Watson。体现在法律行业就是,美国的 Ross 机器人进入律所"工作",国内的阿里巴巴投资法小淘。但都燕果认为,人工智能并不能完全替代人力,法律类人工智能关注的更多的是如何使用技术帮助律师(或者用户),而不是使用技术取代律师。都燕果以目前最先进的 Ross 的工作原理为例进行了深入阐述。Ross 的原理是通过算法理解自然语言,再从数以万计的文档中找出可能的答案,然后通过算法将答案进行排名,提供一个解决方案。由于计算机程序完成以上工作的速度远胜于人类,因而对人类来说繁复的法律检索对人工智能来说显得无比轻松。虽然人工智能带来的律师行业的变化并不代表律师将被人工智能取代,但人工智能对传统律师工作模式的冲击是巨大的。都燕果认为,这样的技术革新必然带来大量的机遇与挑战。未来他将不断适应新的环境,力争在律师服务模式方面有所创新,为更多客户提供优质的法律服务。

　　谈及对后辈法律工作者的建议,都燕果表示,首先,不管从事什么行业,都要踏实上进,要有责任感和反省意识。具体到律师行业,"要认识到没有小案子,没有小事情,做任何事情都要如履薄冰认真严谨。"其次,要持续学习,终身学习已经成为时代的发展趋势和对每一个个体的要求。对于法律工作者而言,整个法律环境、商业环境甚至是政治环境的变化,都会深刻影响到律师的工作。不断学习,密切跟进商业世界、技术发展和政治环境,是一名合格法律工作者所必须具备的品质。最后也是最重要的一点是要保持善良。都燕果说,"奸诈和邪恶会让你一时得意,但善良总会笑到最后。"

司法伴青春 浇筑律师梦

——访重庆冠中律师事务所专业律师胡露

他是一名年轻的律师，但不缺的是和前辈律师们一样诚信严谨的工作态度；他是一位"麻烦终结者"，用自己的专业知识和公平公正的态度为群众解决纠纷，消除麻烦；他更是一位"梦想践行者"，在追逐自己人生梦想的道路上不断丰富知识，完善人格，从而实现自身的价值！

儿时梦想 司法情怀

律师对于胡露来说，早已不是陌生的词汇，早在小学时，他就在心中埋下了小小的梦想种子。小学一年级时，有次老师问及梦想，同学们一个一个站起来说以后自己喜欢干什么，而胡露当时跟老师说的就是想当一名律师。

对于其他同学来说，也许是孩童戏言，可胡露把自己的梦想记在了心里。暮晨钟鼓，长夜未央，几千个学习奋斗的日子，他向着这个目标前行，终于在高考时他考上了中南政法学院法学专业，梦想一下变得近而清晰。之后，在青春的年纪，他又开始准备极其消耗体力和脑力的司法考试，每天从早上八点学到晚上十点，甚至时间更长。漫长而枯燥的学习可以说让他的整个青春少了些许欢乐，多了一份投入。功夫不负有心人，终于在 2012 年他通过律师资格考试，迎来了自己进入律师界的机会。

律界新星 崭露头角

俗话说，万事开头难，胡露也不例外。2012 年，胡露开始四处奔波寻找律师所实习。找律师所实习，其实就是找一个好的适合自己的指导老师。找到一家，跟律师所的主任面谈，不合适再换一家，就这样，奔波了数次后，终于来到了重庆冠中律师事务所做实习律师。用胡露自己的话说就是，"没什么捷径可走，就是和每家律师所的主任交流，了解他们对年轻律师的看法、对律师职业的专项支持以及与客户交谈的技巧，综合考虑后才做的决定。"

对于一个刚踏入社会的实习律师来说，无疑是只有书面知识，没有实战经验的。好在当时律师所里只有他一个实习律师，而其他七八位又都是很成熟的律师，所以一有案子他们就把胡露带在身边。胡露一边适应律师忙碌的工作节奏，一边从实战中获取知识总结经验。业精于勤，慢慢地，他知道了做一个案件怎么跟客户交流，怎么从客户手上提取有效信息、法律事实和依据，业余时间他又经常到专业网站上，去汲取知识，寻找案例。他要求自己对中国的法律法规烂熟于心，用时便能手到擒来；他劝慰自己在吃亏上当中不断积累经验。

为了更快地提高自己的能力，多办理一些案子，胡露开始积极主动地去争取案件。一开始他是从自己身边已有的人脉中来获取，比如同学、亲戚、朋友，后来是同学的朋友、亲戚的朋友、朋友的朋友，总之认识他的人越多，知道他做律师这个职业的人越多，那么积累的客户、获取的案件也就越多。在这个过程中，因为年轻，胡露也遭受过一些客户的怀疑，质疑他处理案件的能力，但在面谈过程中，胡露用自己专业的素质以及个人魅力赢得了对方的尊重，让他们了解自己要的是解决事情的能力而不是在乎律师的年龄。

生活就是这样，你的勤奋与付出，它都会以某种方式回馈给你。两年的实习时间，让他从律界新手变成律界新星，过硬的专业素质和真诚的态度也让他赢得了一批又一批客户的认同和信赖。2014 年，胡露正式开始执业，在他追梦的路上，迎来了一页新的篇章，同时，他也在重庆同行中迅速崭露头角！

传播正义 "情""理"同行

这是胡露记忆最深刻的一个案例。犯罪嫌疑人的丈夫找到胡露，称妻子因为贩毒被抓了，见面的头一天双方是在电话里面交流的，约在第二天一早见面，谈了十几分钟后，客户便与胡露签订了律师代理合同，从电话沟通到签订合同，时间加起来还不超过12个小时。客户在面谈过程中说了一句话让胡露很感动，他说："胡律师，我觉得你这个人很真诚，对每一个案件都很尊重，跟你聊天并没有感觉到从语言或者行为上受到绑架，所以这个案子一定交给你做。"正因为在聊天的过程中客户感受到了胡露对他的尊重，把他的每一个问题都分析得很透彻，并且很耐心很真诚地对待他，才很快赢得了客户的信任。

案件处理过程中有一个因素，犯罪嫌疑人的母亲马上要过九十大寿了，如果法院的判决结果是六个月的话，她就能够顺利出来给她母亲过九十大寿，如果判更长时间，那么她就会与母亲的九十大寿擦肩而过。犯罪嫌疑人拜托胡律师一定争取让自己的刑期在六个月以内或者六个月，让她能完成给母亲过寿这个心愿。善恶有源，孝心无罪。为了让嫌疑人的这份孝心得以实现，胡露努力地跟法官交流，四处找案例搜证据，总结观点，争取赢得法院的认同。法庭上，胡露谨记犯罪嫌疑人的委托，唇枪舌剑、据理力争，终于为嫌疑人争取到了为母祝寿的机会。法庭上，犯罪嫌疑人说了一句话，她说她特别感谢胡律师。听到感谢的话，胡露再也按捺不住心中的激动，觉得对这件事情的努力和付出都是值得的。

虽然律师是要收费的，但是在收费之外得到客户的尊重、认可和理解，就是最大的欣慰和收获。客户只要结果，但是他们不知道在结果出来之前律师需要付出多少时间和艰辛的努力。

在每一个岗位上工作都会获取一些薪酬，这是人们在生活中的一项基本需求，有人说律师收费高，但在胡露这里并不是这样，她对不同的客户收费是有区别的，比如有些家庭确实困难，胡露会伸出援助之手免费帮助他们处理案件。有一次，有个贫困家庭来找他帮忙打官司，但是支付不起律师费，胡露前期一分钱都没有收，一直帮他们拿到赔偿费用，才从中收取了一些正常标准范围内的费用。

还有个案子，一直做到当事人过世了胡露还在做，中间一直也没有收费，案子处理好后当事人的家属特别感动，主动给胡露增加律师代理费，以表感谢。工作这几年中，胡露碰到这样的例子不少，因为一个案件从一开始涉及诉讼，到一审二审再到终审，有的案件甚至需要三四年,三四年不收取一分钱费用,这是很少有人能坚持下来的。

胡露为客户代理案件有着自己的准则和态度,比如谈好律师代理费后中间是不加价的,也不用请客送礼,他会尽心尽力地和当事人一起把这个案件处理好;如果遇到一些法律意识淡薄的客户,工作开展起来比较困难的话,胡露会用自己专业的知识和真诚的态度,去赢得他们的理解、认可和尊重。

身为一名法律人,主持正义是根本,面对案件,面对当事人,可以做到法事法办,"情""理"同行却是不易的!

以身作则 志存高远

青春是短暂的,法律是枯燥的,但热情是满满的! 虽然入职时间不长,可胡露深知,作为一名律师身上背负的社会责任和担当,作为法律人应该以公平公正的方式处理问题,要心存正义感。随着国家法律法规的不断健全,社会文明的不断进步,以暴制暴已成为过去,律师的地位也越来越得到社会的认可。胡露希望人人都做法律人,同时他也希望自己在法律这方舞台上尽情施展才能,维护公正,通过不断提高自己的专业修养和道德修养,利用自己的专业知识,帮客户解决最迫切需要解决的问题,为个人和国家服务,从而实现自身的价值!

目前,胡露的业务开展得如火如荼,有预约面谈的,有网络咨询的,有电话询问的,还有亲自跑到办公室了解情况的,一批批不断增加的客户也恰恰说明了这位年轻的律师在社会和群众中间得到了认可。胡露感谢家人的支持,感谢律师所前辈们的帮助,也感谢几年来打过交道的客户,正因为接触了这么多形形色色的人,才使他成长得更快,才成就了现在的他。天道酬勤,事实也证明了这一点!

海阔凭鱼跃,天高任鸟飞。说到以后的职业规划,胡露表示,不管以后主攻诉讼律师还是非诉讼律师,他都会将这份法律事业、这份儿时的梦想、这份荣耀的事业进行到底!

以法为盾牌　守正义之师

——访福建韩诚律师事务所专职律师黄颜煜

　　鲁迅曾说过:"中华民族自古以来,就有埋头苦干的人,就有拼命硬干的人,就有为民请命的人,就有舍身求法的人——他们是中国的脊梁。"现代社会就有这样的一群人,他们站在维护正义的第一线;他们将青春奉献给正义,将汗水流在维护正义的土壤里;他们废寝忘食,无数个日夜的奋斗,就是为了推动中国的法制进程,给更多人带去更多的平等享受权利的机会;他们有一个共同的名字——律师。毕业于福建农林大学文法学院的黄颜煜是个 90 后,也是这个队伍中的弄潮儿,三年从业时间就取得了骄人的成绩,这一切都离不开他不为人知的付出和努力。

风雨兼程　难忘初心

　　刚拿到律师资格的黄颜煜,在律师事务所实习了一年,在这一年里,黄颜煜常常会为整理一个材料忘记了吃饭,为一个客户满意的材料反复编辑十几次,每一次都反复核对细节,不敢有丝毫的差错。谈及这段经历,黄颜煜笑着说:"没有那段苦日子,就没有现在的自己。"一年的实习期满后,他终于拿到了执业律师证,成了一名真正的律师。但这只是万里长征的第一步,这也仅仅意味着他有了从事律师职业的资格,真正的挑战才刚刚开始。

　　初出茅庐的毛头小子根本没有人认可,更没有人找他打官司,没有案源就不能生存,不能生存还谈什么发展。他就一点点地挖掘,一点点地开拓。"没案源不能急,但只要接到案子就百倍珍惜,以十倍付出弥补自己经验上的不足,每个案子都要用实在的质量说话,只有这样才能打破坚冰,才能让当事人信服自己,让案源之水活起来。"他始终抱定这一信念,以饱满的工作热情,专业、严谨的工作态度对待工作。

自命平凡,说自己没有干过什么惊天动地的大事。可就是靠着这颗平常的心,他却做出了不平凡的成绩。

他经办了大量的交通事故理赔案,既保证了保险公司合法利益不受损,也让伤者正常的理赔诉求第一时间得到赔付。看上去每件案子都很平凡,但是每一起事故背后都有一个受伤的家庭,尽快理赔就能使他们的创伤更快减轻。担任保险公司法律顾问的几年里,刘勇进代理了近千件保险理赔纠纷,事事有结果,件件无投诉。

他还积极参与法律援助中心指派的法律援助工作,关注弱势群体,处理社会纠纷,推动和谐社会建设。积极参与法律咨询热线及青少年维权活动,多次深入街道、社区,进行义务法律咨询,为弱势群体提供法律帮助;他还无偿为农村困难群众提供法律服务,为农村的发展提供法律的保障,涉及农村土地流转、村集体选举、村集体经济合同签订等工作,让群众感受到了法律的威严和力量,让农村经济和社会保持了健康发展,更让老百姓感受到了"依法治国"的好处。

在他眼中,这些事不单单是简单的工作,重要的是它还体现着一种和谐。正是这种细微的平凡工作,才是构成我们和谐社会的坚实基石,平凡之中凸显伟大,细微之处闪耀精神。

他默默坚守自己的本职工作,时刻牢记自己是一名社会主义法律工作者,坚持自己的理想和信念,挑起公平、正义这条重担,用法律的武器保障社会的和谐与老百姓的平安!

以己微薄之力 担普法大任

作为一名年轻律师,黄颜煜每周六都去一些社区接受群众免费咨询,他不分高低贵贱,无论男女老少,但凡是有困难的群众,他都不遗余力地去帮助,只要是能力范围之内的援助,他都竭尽所能地付出。他的真诚和耐心不仅帮助了很多需要帮助的人,也为他赢得了社区内好几个企业领导的认可,之前这些企业领导根本没有请律师做法律顾问的意识,在黄颜煜的引导下,他们才明白了律师对企业法律风险的控制是多么的重要和有必要。

黄颜煜知道,律师在法律上是专业,但是最熟悉案子的往往是客户本人,但是由于有的客户不懂法律。当事人的急切和无助常常变成了案件沟通中的障碍,对此,黄颜煜总是耐心地听当事人将案件陈述完。凡是当事人不能从中获利的,或者这个案子把握不大的,他都据实相告。也正是因为这样的坦诚,使得当事人更加信任他。

在处理一个抚养权案件中,黄颜煜的当事人在离婚协议中同意两个孩子的抚养权归属对方,但是在后来的生活中,当事人发现孩子生活状况不理想,想要回抚养权。为了帮助当事人和她尚未成年的孩子,黄颜煜东奔西跑,搜集证据,调查实情。后来,当事人考虑到实际情况以及孩子的安全问题,转而要求探视权。又是一番奔波取证,黄颜煜成功地帮助当事人取得了探视权。

这只是黄颜煜几年来所办众多案件中的一个缩影。

路漫漫兮　任重道远

现在中国很多年轻的律师生存状况都不太好,特别是刚刚大学毕业的律师,由于职业技能尚待提高,加之案源较少,缺乏实战经验,因此生存压力很大,"我建议这些年轻律师还是要坚持,要意识到,这是你从稚嫩走向成熟的一个不可逾越的阶段。"黄颜煜如是说。

律师是正义之剑,是民主之犁,是令人感到无上光荣和无比自豪的职业。年轻律师作为这支队伍中的新成员,更应当加强职业素养的自我锤炼,只有这样才能早日成为其中优秀的一员,为当事人提供更加完善的法律服务;才能为这支队伍的发展壮大,为中国律师文化的创建做出自己的贡献。

谈及针对刚刚步入职场的年轻律师提出的建议,他说到:"还有很多律师事务所也没有给年轻人基本的保障,这样就加剧他们生存的压力,如果我提什么建议,第一个建议，这些年轻律师还是要坚持。一般而言执业五年以上的律师，生存状态、收入水平都会有比较大的提高，头几年都不容易；第二，建议现在的年轻律师，应该学现代企业营销方法，比如房地产中介行业做销售都有一些方法，我们职业律师除了具备专业知识以外，还应该识主动向社会各界、当事人、企业宣传自己，这样能够加速他成长的过程，快速度过困难期。"

说到律师行业，黄颜煜不禁感慨道："律师是中国特色社会主义法律工作者，律师既不是做官，也不是纯粹意义上的商人，他最大的成就是通过帮助别人获得价值的实现来达到自身价值的实现。所以当你一个个案成功代理的过程，就是你小小成就感不断积累的过程，如果你坚持 10 年、20 年，就会取得比较大的成就感，实现人生的价值。"

律师不是一个完全服从于当事人的职业，律师是在从事法律服务的过程中拥有独立的职业人格，在某些情况下还具有独立的法律地位的职业。他服从法律提出了各种规范和要求，也尊重当事人的意见，但在所有与法相悖的时刻，律师都会是正义最忠诚的守护者，捍卫法律的威严；在当事人的意见出现偏差可能导致风险时，律师也绝不迁就当事人而冒险为之。

律师只有把好恪守人格信念的舵轮，才能稳健地航行于汹涌澎湃的法律实务之间。法律这把双刃剑有利有弊，律师作为舞剑之人更应当懂得其间的利害，不能为了解一时之困而饮鸩止渴、以身试法，最后身陷囹圄、悔恨终生。勤恳的工作和责任的坚守使黄颜煜向成功迈出了第一步，而未来有更多这样的路需要他一步步继续走下去。

永不低头的律政佳人
——访河南中豫律师事务所主办律师贾光娟

　　大概没有一种职业像律师这样具有争议性,不同的人、从不同的角度可以看到不同的风景。有人说,律师为权利斗争,替弱者申冤,因此律师是正义使者。也有人说律师是助纣为虐,帮坏人说话,所以律师不是好人。其实,过度的神化或丑化对律师来说都是不公平的,其结果必然导致对律师有过高的道德要求或者诋毁。而接受笔者采访的河南中豫律师事务所的合伙人贾光娟,维护弱势群体的利益,以认真负责的工作态度,深得当事人的信任和好评。今天让我们一起走进贾光娟的工作世界,了解这位"律政佳人"为当事人寻求公平公正的正义态度。

另辟蹊径,开拓法律新天空

　　贾光娟出生在河南省新乡市,从小就是品学兼优的好学生。高中时由于物理、化学、数学等科目成绩比较优异,所以就选择了理科作为自己未来发展的主要方向。但由于自己对大学所设专业了解的局限性,对自己未来发展的不确定性,在填报志愿时选择了郑州大学化学专业。

　　大学毕业后,贾光娟凭借专业的文化知识以及丰富的实践经验,顺利地找到了一份跟化学专业相关的工作。但是工作一段时间后,她发现每天重复同样的事情跟工厂里的机器没有任何区别,开始审视自己是否真的喜欢所从事的行业。没有激情,面对"一眼望到头"的工作,贾光娟觉得,比变化更让人害怕的是一成不变。

　　在大学时,性格温和的贾光娟就认识了读法学专业的一位朋友,朋友毕业后在法律专业上越走越远。偶然的机会,贾光娟跟朋友讨论起对彼此工作的看法,朋友把在工作中遇到的案例以及在看书过程中遇到的问题跟她分享交流。看似相同的罪名判决的结果却会相差甚远? 两个基本相同的民事案情为何会出现输赢两种截然不同的判决结果? 渐渐地,贾光娟对法律产生了浓厚的兴趣。一切看似不可能胜利的案件都会有柳暗花明又一村的转机,而那些看似胜券在握的结果往往也会因为失之毫厘而谬以千里。这就是法律案件的最神秘的特点,也是法律的魅力所在。

2005 年,已经积攒一定工作经验的贾光娟在朋友的支持和鼓励下,白天工作晚上下班以后一有时间就学习法律知识。都说兴趣是最好的老师,它能调动起人的全部能动性,引导我们找到愿意终身为之奋斗的方向和领域,使大家更加热衷于自己的事业而乐此不疲。2007 年,在经过两年的系统学习后,贾光娟报考参加了国家司法考试,结果成功通过。

细心的贾光娟觉得自己不是法律专业科班出身的学生,只凭借自己对法律知识的热爱去单打独斗迟早要被淘汰。为了能有更好的发展,认为对法律知识掌握尚有欠缺的贾光娟决定继续深造,终于在自己不懈的努力下,获得了郑州大学的法律硕士学位。

在大家的印象中,学习法律专业的学生大多数是文科生,身为理科生的她认为,学习法律仅仅依靠死记硬背是不够的。除了背诵以外,清晰的逻辑思维能力也是学好法律重要的条件之一,这一点贾光娟远不比文科生差,多年的理科经验让她拥有逻辑清晰的头脑。在受理知识产权等错综复杂的案件时得心应手,更容易找到问题的突破口,为案件的胜诉奠定基础。

师傅领进门,修行在个人

"其实当你决定开始做某件事的时候,最难的部分已经完成了。"贾光娟在回忆刚接触法律时说,如果当初不放弃化学选择法律,自己会依然停留在原地,每天坐井观天得过且过。这使贾光娟回想起来多了一份笃定的态度,从事法律专业让自己帮助到更多的当事人,了解到社会规则的不完善、现行法律存在的欠缺,能够理性地看待社会中存在的问题。面对困难和压力可以更加从容,不骄不躁,时常让自己保持一份理性的头脑,才是对当事人、对自己、对社会的责任感。

2008 年,贾光娟在律师事务所实习期间,老家的姑父驾驶摩托车出车祸当场死亡,肇事司机却在事故发生后驾车逃逸。当时,整个家族里只有她自己从事法律相关工作,想到姑母以后将独自带着两个孩子艰难度日时,就觉得自己有责任帮助姑母。虽然当时她还在实习期,但也立即站出来帮助姑母处理事故相关问题,希望通过自己的努力让姑妈得到应有的赔偿。

由于案发在深夜,案发地附近也没有摄像头可以提取证据,事故发生后司机就已经驾车逃逸,交警也无法查到肇事司机是谁。头脑清晰的贾光娟,想到在案发地周边及周围村庄张贴告示,寻找当晚的案发目击证人,终于在告示张贴半个月以后,有目击证人主动提供了线索。经过交警调查,肇事司机属于无证驾驶,死者也存在酒驾,认定双方对事故负同等责任。但是由于肇事者家庭贫困一穷二白,所驾驶的机动车也几乎到了报废的程度,即使法院判决肇事者承担赔偿责任,他也根本拿不出任何的赔偿金。

肇事车辆虽然投保有交强险,因为投保时合同条款明确约定,对于无证驾驶、醉驾等保险公司免于赔付。因为当时社会上对无证驾驶情况下保险公司是否应当承担赔付责任,并无统一结论,更多法院均倾向于判决保险公司免责。但交强险是她为姑母争取到赔偿金的最后希望,为了争取到保险公司这 11 万元交强险的赔偿金,贾光娟使出浑身解数,通过专业性和对社会法律尚不完善的观点的分析,从交强险的设立目的及社会后果出发进行辩论,主张国家强制要求机动车投保交强险的目的是为了保护交通事故受者的权益,使受害人不会因为司机或车主经济困难而索赔无果,在遭受事故伤害后再次遭受经济上的打击,为事故受害者提供一层保障,而非出于维护保险公司利益的目的。并且大多数交通事故都是因醉驾或无证驾驶造成的,如果判定这些情况下保险公司免责,那交强险就失去了存在的意义。最后,她通过自己的努力,让法官接受了自己的观点,成功为姑母争取到了保险公司的赔偿。

正是因为姑父的案件,让贾光娟有了在法律道路上坚持下去的决心。她深知,虽然我们处于一个法治的国家,但是有很多法律法规尚不完善,而身为律师的自己有责任也有义务去促进法律的完善,这是对当事人负责、为自己负责、为社会负责,更是为国家负责。也正是因为那次的历练,让她在工作中能力突飞猛进。成功的必然条件是你要学会认真地去对待每件事,显而易见,依旧处在实习期的贾光娟已经意识到了这个问题。

经验丰富,工作游刃有余

纸上得来终觉浅,绝知此事要躬行。随后在工作的几年里,贾光娟每每接到新的案子都不敢疏忽,一心一意地为了当事人的利益着想,帮助弱小利益群体,每次当事人通过网络或者电话联系到自己咨询问题时,她总是耐心解答,对当事人提出的疑问给出一针见血地建议和忠告,并且免收咨询费用。

2008 年,在程红领犯抢劫罪一案中,由于被告程红领对案件判决不服,申请上诉,最后在贾光娟和刘成宏的辩护下由一审判决的七年有期徒刑变到两年有期徒刑。具体案件经过是这样的:2008 年 6 月 25 日下午两点,李某、袁某给石某打电话,约其玩牌。被告人程红领和石某知道李某在玩牌过程中出老千骗钱,于是,被告人程红领就给司某等人打电话。如果李某再次骗石某的钱,就让李某把以前赌博赢的钱退回来。

在玩牌后程红领一行等人发觉李某耍诈,程红领、石某、司某等人让李某退还输掉的钱才肯放他走,李某当即掏出 1.2 万元。石某觉得自己不止输了这些,并让李某取出他卡上 2 万元。但是石某还嫌不够,便让其家里人往卡上打钱 2 万余元,共抢走现金 52000 元,程红领还供述在打牌过程中输掉 6000 元,石某输掉 1 万元左右,又听石某说在太康玩牌时被骗 2 万元,第二天石某分给其 8000 元。

案件的二审过程中,程红领坚持上诉,其辩护人贾光娟辩护称,程红领认为李某赌博作弊,只是为了要回自己被骗的钱,一审认定程红领构成敲诈勒索罪罪名不当,应当按非法拘禁罪定罪量刑。根据《最高人民法院关于对索取法律不予保护的债务非法拘禁他人的行为如何定罪问题的解释》之规定,行为人为索取赌债等法律不予保护的债务,非法扣押、拘禁他人的,依照刑法第 238 条的规定定罪处罚。

经法院审理,二审查明的事实、证据与一审相同,且经一审当庭举证、质证,查明属实,法院予以确认。二审判决结果,程红领犯非法拘禁罪,改判有期徒刑二年。

通过种种案件,我们可以发现,贾光娟作为现代一个优秀的律师,对工作认真负责,办理案件一丝不苟,尽自己最大的能力、最专业的知识帮助当事人解决难题,正是因为像她一样的优秀律师在法庭上的努力辩护,才让社会黑白分明,也正是因为通过她不停地帮助弱者,才一点一点地推动法律前行完善的脚步,真正地为我国成为公平公正的法治社会添砖加瓦,我们相信在大家共同的努力下我们必将会向"大同"社会迈进。

"疑罪从有"何时休？

——访京都律师事务所高级合伙人金杰

　　刑罚是一种最为严厉的制裁方法，因为它涉及人之自由乃至生命，还有什么比自由和生命更重要的呢？一个人若失去自由或者生命权，那么一切皆为浮云！所以，人权应高于一切。而作为现代刑事司法文明重要标志之一的"疑罪从无"原则，除关注保护社会之外，无疑更是对公民人权的有力保障和尊重。"疑罪从无"原则又称"有利被告原则"，是无罪推定原则的一个派生标准，即由于现有证据既不能证明被告人的犯罪行为，也不能完全排除被告人实施了犯罪行为的嫌疑，根据无罪推定原则，从诉讼程序和法律上推定被告人无罪，从而终结诉讼行为的法律原则。当今，"疑罪从无"原则已成为现代法治国家普遍采取的刑事疑案处理原则，成为人类社会诉讼文明发展的必然。我国《刑诉法》1996 年即规定了"疑罪从无"的原则，根据《刑诉法》第162 条规定："证据不足，不能认定被告人有罪的，应当做出证据不足、指控的犯罪不能成立的无罪判决。"主要表现在侦查阶段、审查起诉阶段、审判阶段。在审查起诉阶段，经过两次补充侦查，人民检察院仍然认为证据不足、不符合起诉条件的，可以做出不起诉的决定；在审判阶段，人民法院对证据不足、不能认定被告人有罪的，应当做出证据不足、指控的罪名不能成立的无罪判决……

　　从国际上来看，"疑罪从无"原则最为典型的案例莫过于 1994 年"美国辛普森涉嫌杀妻案"了，此案可谓轰动整个世界的世纪大审判，在此不再一一详解。此案也被称为"疑罪从无"原则在注重保障公民权利和严格遵循正当程序的最大、最为典型的刑事案件。案后美国最高法院大法官道格拉斯精辟地指出："权利法案的绝大部分条款都与程序有关，这绝非毫无意义。正是程序决定了法治与随心所欲或反复无常的人治之间的大部分差异。坚定地遵守严格的法律程序，是我们赖以实现法律面前人人平等的主要保证。"笔者以为,司法公正是司法过程中追求的最终目标,更是司法的灵魂和法律的精神内核,而程序公正才是有效保障实体公正得以实现的前提。

近年,不断有冤假错案频频见诸报端,引发舆论强烈关注,这些案件背后无一不昭示着刑事司法中的一些顽疾:重实体、轻程序,重口供、轻物证……非法证据难以排除,疑罪很难从无,虽然相关部门也在顺应民意努力纠正和防范,但笔者观察注意到这些被报道出来的应该只是个案,有的是因"真凶出现"(云南杜培武案、浙江萧山五青年杀人案、内蒙古胡格吉勒图案、河北聂树斌案;有的是因"亡者归来"的个案(如赵作海案、湖北佘祥林案),而司法机关主动纠错的疑案也有,但少之又少。

为何会出现这种歪曲的现象呢? 今日笔者采访了京都律师事务所合伙人金杰律师。采访前笔者了解到,金杰律师在从事律师职业前曾做过十多年检察官,且做到了侦查处长、副检察长,又做了多年法官,且做到庭长和研究室主任,现从事律师工作已整十年。三十年的法律生涯里,控、辩、审三种身份他都经历过了,被誉为中国法律界少有的"三栖法律人",此乃实至名归也。身在其中,自然对各种案件了如指掌,对我国刑事司法之程序洞察至深,更了解检察官、法官的办案思维和工作规律。所以,今天的问题由金杰律师来解答,那是再恰当不过的了。

在荆棘丛生的刑辩之路上,金杰律师以锲而不舍的精神和对法律的信仰诠释着法治的精神内核,他更是"疑罪从无"原则的坚定支持者和坚守者。

问:我们了解到您最早在检察机关工作,代表的是国家的公权力,且做了十多年的检察官,站在公诉人的角度,您是如何看待"疑案"的?

答:每个法律人都要有"疑罪从无"的勇气和坚持,既是法律专业要求,也是法治精神的体现。作为公诉人,代表着国家担负着指控犯罪的神圣使命,代表着法律的正义,公诉人既要审查、核实证据,也要补充证据,依据法律提出是否起诉的意见,还要对提起公诉的案件出席法庭支持公诉,揭露犯罪,证实犯罪,使罪犯得到应有的惩处,这些都对公诉人素质要求非常高,公诉人的办案能力和执法水平直接影响着检察工作的整体办案效果。

我曾经历过一起至今难以忘怀案件。我当时还是检察机关的一名检察官。20 世纪 90 年代初期,国务院印发《90 年代国家产业政策纲要》的通知,鼓励工业部门、地方政府和企业合作,组建有限责任公司或股份有限公司……一个炼油厂被五名公职人员承包了,承包协议约定每年上交承包费 50 万元,在承包期限到期之前他们预先分配了 5 万元利润,后经举报被检察机关查处。由于当时全国对公职人员承包经营涉及贪污罪的界限研究不够,五名公职人员以涉嫌贪污被批准逮捕,随后进行搜查并扣押了相关物品。但在是否决定提起公诉时出现了意见分歧。一种意见认为,承包期限没到,利润没有上交,先行分配利润属于利用职务便利贪污公款;另一种意见认为,承包协议对承包费用和承包期限约定明确,类似于"死包",虽然承包协议没有明确约定上交承包费后的利润分配时间,但他们只是在承包到期前提前分配了利润而已,如果承包到期,利润上缴,是可以分配利润的,提前分配尚不能认定贪污罪。为此,经反复研究并请示上级检察机关,最终认为五人不构成犯罪撤销了案件。案件虽然撤销了,但是由于查处案件带来的一系列后果,却是无法避免的。在释放嫌疑人以及返还扣押物品时,检察机关因此受到诟病,善后工作很是麻烦。由于案件的查处,原有的承包无法继续进行下去,只能提前终止,企业因此受到很大损失;案件的当事人由于被羁押身心受到很大刺激,对工作也心灰意冷,释放后有的提前退休,有的执意改行,有的自谋职业,检察机关也因此受到很多的议论。尽管如此,我们最终还是做到了"从无"。

问:湖北佘祥林案、河南赵作海案、浙江张氏叔侄案、念斌案等等,他们都是"疑罪从有"的牺牲品,错案何以酿成,值得人们深思。难道"疑罪从无"真的很难吗?

答:疑罪从无,是无罪推定的重要体现,也是刑事诉讼的重要司法原则,是公正司法、确实保障人权、避免错案发生的屏障。然而,在司法实践中,要想真正贯彻到每一个实际的案件中并不容易。究其原因固然很多,但司法理念上的故有性,不能不说是一个很重要的阻碍因素,它无时不在影响着司法人员在处理案件上的公正性。

问:您又有哪些执业感触可否与我们分享?

答:作为律师,要运用法律赋予的权利,穷尽所有合法手段,最大程度地发挥自己的潜能,维护当事人的合法权益,推进法治的建设和发展。刑辩的道路存在艰辛和曲折,更需要刑事辩护律师的坚守和坚持。做"疑罪从无"很难,但仍然值得刑辩律师去做,因为这是一个律师的责任,当被告人遇到困难时,他们能想到聘请律师,是对律师的信任。作为律师就是在每一个具体的案件中,通过律师参与诉讼、履行辩护职责的具体过程,推动了司法体制和理念的进步,在与司法办案人的良性沟通中逐步达成共识,也在很大程度上影响了很多司法办案人员,动摇了他们"疑罪从有"的固有理念,使其不能重判。实践中,许多司法机关和司法人员只是有碍于他的位置和当地的司法环境,最后才做了无奈的有罪判决,虽然是从轻的判决,我觉得这也是律师心血的付出,尽管有许多风险和阻力,但这种付出和努力是值得的。

借用英国大哲培根的一句名言:一次不公正的裁判,其恶果甚至超过十次犯罪。因为,犯罪虽然触犯了法律——但只是污染了水流;而不公正的裁判则毁坏法律——就好比污染了水源。

采访结束,金杰律师感叹道:一次不公正的司法处理结果,就会在当事人心里埋下对司法机关不满、对司法制度不信任、甚至对社会怨恨的种子,相当于一颗不定时的炸弹。"只有坚持'疑罪从无',才能更有效地防止冤假错案的发生。消除社会潜在的不稳定因素。'疑罪从有'何时休矣?"

纵横律界沙场阔 不忘初心天地宽

——访上海慧谷律师事务所主任居福恒

他已近天命之年，却怀一颗赤子之心，积极投身法律维权公益事业；他虚怀若谷，无惧无畏敢担当，只为匡扶人间正义；他苦心孤诣，坚守"自信无畏，而不妄为，争强好胜，而不好狠斗勇"；他博学强识，出奇制胜，以精湛的专业素养，纵横律界沙场；他心思缜密，剥茧抽丝，精点死穴，被业界誉为"翻案"能手。他就是上海慧谷律师事务所主任居福恒律师。

岁月如梭，居福恒律师律界从业三十余年，早已闻名遐迩。他谙熟工程建筑、房产买卖、金融借贷、损害赔偿、行政复议、行政诉讼等众多领域，办理过的案件不计其数，其中有不少是律界的民事大案要案，曾多次荣获优秀律师称号，受到社会各界广泛好评。

我们有幸专访了居福恒律师。谈笑间，他为我们讲述了律师执业的风风雨雨；他向我们陈述了律师办案经验和技巧；他向我们诉说了诉讼中的一件件离奇的案情。面对居福恒律师，我们不禁肃然起敬。

咬定青山不放松

1986 年，对律师行业来说是特殊的一年。这一年，我国举行了全国第一次律师资格考试，拥有中文和法律专业的居福恒就是这次考试的首届考生。他以优异的成绩通过考试，取得律照。从此，开始了他的律师执业生涯。

居福恒律师曾被安排到司法局任律公科的负责人，同时兼任律师。几年后，他为了实现自己的"专职律师梦"，1995 年义无反顾地辞去了司法局行政职务，下海成了一名"专职诉讼律师"。

他是一个执着的人，一旦决定的事情，就不会改变和放弃。弹指一挥间，30多年过去了，居福恒律师回顾起自己的律师生涯，颇多感慨。

他说："感触最深的是，律师的执业环境至今还没有明显改善；律师的收入贫富不均；律师是维护社会公平正义的重要力量。先说律师的执业环境。律师只是一个提供法律服务的'中介'，没有任何权力支撑。不少公权力单位既需要律师，却又歧视、限制律师；律界有'新三难、老三难，不新不老又三难'的现实情况。例如，会见难、阅卷难、调查难。又如，发问难、质证难、辩论难。再如，知情难、申请难、申诉难。最近，两院三部联合出台了《关于依法保障律师执业权利的规定》后，律师才有了依权执业的保障，但从纸面落实下来，还需拥有公权力的司法界进一步努力。"

谈到律师收入时，居福恒律师微微摇头，表情凝重地说："人们总认为，律师这个职业是光鲜亮丽的，收入一定很高。其实不然，律界确有一小部分律师收入可观，年收入上百万，但大部分律师年收入只不过几万元，甚至少数律师因交不起'年检费'而被迫转行，可见律师的生存空间并不乐观。"

在谈到律师是维护社会公平正义的重要力量时，居福恒律师异常兴奋地说："在现代法治社会的舞台上，律师扮演着重要角色。因为律师代表了私权力，与代表公权力的'公、检、法、司'具有对抗和制衡作用。律师的兴衰将直接关系到公民的权利和国家的兴衰，关系到公民正当权利诉求和一个国家的文明程度。"

居福恒律师始终坚信"律师兴，法治兴；法治兴，国家兴"。在实践中，居福恒律也是这样做的。他非常乐观地说："律师虽然没有权杖和利剑，但凭借法律一样能守护'公平正义'。"

他坚守自己的执业理念，配合司法机关查清了不少"冤假错案"，切切实实地维护当事人的合法权益。正是这种"咬定青山不放松"的精神，让他在执业生涯中披荆斩棘，勇往直前，收获颇丰。

维护社会公平正义

居福恒律师是上海律师界屈指可数的资深律师。"受人之托，忠人之事"，是他30

余年坚守的执业原则;"用法律智慧关怀人,以专业技能帮助人"是他永恒的追求。

居福恒律师是正义的使者,从业以来,他代理过不少重大的经济诉讼案件,他凭借着深厚的专业功底,主动深入地了解案情,挖掘案件深层次问题,细致地分析案情线索,为当事人挽回或避免经济损失,切实地维护了当事人的合法权益。

他还敢于和善于代理法院违背事实和法律规定,做出终审判决的再审、抗诉的案件,让"冤假错案"获得再次审理的机会,为当事人讨回公道。

《中国大律师经典案例》一书收录了居福恒律师办理过的案件,其中"计算机著作权权属纠纷案"向人们诉说了一个一切为了"钱"而丧失了良心和道德的老板,侵犯和使用了别人的著作权发了大财,不但不感恩,还为了使自己能长期维持这一侵权获利的局面,反把真正的著作权所有人告上了法庭,企图把著作权占为己有。为了证明这一软件是委托人自己开发的,居福恒律师凭借着剥茧抽丝的诉讼技巧,在法庭上仗义执言。该案历经四年六审,最终使冤案昭雪。

"陈先生借贷纠纷案"告诉了世人,个别商人为了钱,竟使出了一切手段,包括了卖通法官通过诉讼手段,妄图达到借钱不还的目的。在法庭上,居福恒律师以证据为利刃,精点死穴,把这件一审已经胜诉的案件推翻,并且让败诉方输得心服口服,让委托方赢得实实在在,切实维护当事人的合法权益。居福恒律师不愧被业内外称之为"律界杀手"。

近期,居福恒律师参与了两起"经租房屋动迁"案,涉案金额较大。开发商联手基层政府,以"产权不明"为由,违法剥夺产权人继承权。为了能证明产权继承人拥有产权,他以权威的《中国共产党史》《建国以来党的若干历史问题的决议》等著作中的观点、立场以及该房业主祖先的材料为证据,以《宪法》《民法通则》《物权法》等法律规定为依托,佐证"经租"行为不属于社会主义改造的范围。现在他仍然在为委人据理力争,坚持不懈。

诸如此类的案例,数不胜数。居福恒律师对案件不论案值大小,都认真对待。这是因为他始终把"公平正义"牢记心中,时时刻刻把维护公平正义作为执业的最终目的。

居福恒律师曾说:"在当事人需要我的时候,我会用独有的代理技巧,认真踏实的工作作风,在法律允许的范围内,竭尽全力维护委托人的合法权益。"

砥砺奋进铸辉煌

"立大事者,惟有超世之才,必有不拔之志,舌战群儒之力,胸怀善意之德,不畏强权之节,恪守赤子之心,匡扶正义之责。"这是居福恒律师对律师价值的诠释。

一个律师的责任,不仅仅是要把案子办得漂亮,更重要的是要担负起相应的社会责任。居福恒律师不但执业实践经验丰富,而且在理论研究上也颇有建树。他对"依法治国"的含义有自己深刻的见解,而且对律师业在加快社会主义法治建设中的重要作用也有新的认识。

他认为:"呼唤全面法治,呼唤法治必行"已经是全民共识。从总体上看,我国已经实现了"有法可依"的目标。但是,要加快我国法治建设进程,还必须在"严格执法、公正司法、全民守法"上狠下功夫,努力使"吏治"变成"法治";使"法治"真正成为治国理政的基本方式。

居福恒律师是民事诉讼律师,因此他说:"在诉讼领域里,当前,我觉得应该首先解决困扰着法院诉讼中的'虚假诉讼'和'恶意诉讼'这两个毒瘤。在这个社会诚信危机的年代,在众多诉讼案件中,总会夹杂着不少'恶意诉讼'和'虚假诉讼'的案件。这不但增加了法院办案的压力,更重要的是这类案件的当事人,敢于罔顾司法权威,假借司法之手,获取不义之财,有损司法权威。"并且结合了被收录在《中国大律师经典案例》一书中的两个案例说:"这两个案例,实际上就是典型的'恶意诉讼'和'虚假诉讼'的现实版。"

居福恒律师对此类诉讼行为十分厌恶,严厉地指责说:"这类诉讼行为对诉讼的提起人来说,没有什么损失,但是对于法院和被诉人来说,如果这类诉讼胜诉,那么不仅会造成司法资源的浪费,更为严重的是被诉人会为此在时间、精力、财物、名誉上承担不同程度的损害;这类诉讼所带来的不公,也会对司法本身造成恶劣的影响,有损司法权威;这类诉讼现在正在曼延,一旦成风,还会破坏社会风气,阻碍司法制度改革。"

为此,他提出了建设性意见说:"对此类诉讼,必须加强对现有立法的司法解释,采取一定的强制手段,给予人身或者财产上的处罚。"

有着多年律师执业经验的居福恒律师,对如何加快法治社会建设进程娓娓而谈。

居福恒律师热爱律业,他 30 余年如一日,坚定不移地坚守在律师岗位上。他还告诫即将走上律师岗位的年轻人:"要树立社会主义法治观念,增强维权意识,始终以维护社会'公平与正义'为使命,确保法律的正确实施,严格遵守法律、法规,严格规范自己的行为,让律师维权工作真正取信于民、服务于民、惠及于民,以赢得广大人民群众的理解、信任和爱戴。"

居福恒律师是对律师事业有着执着追求的一员。

三十余年的执业经历,他已把自己的青春奉献给了律业。岁月磨砺,居福恒律师在执业的道路上,始终无怨无悔。他坚守初心,勇往直前。

华丽逆袭的"铁律柔情"

——访安徽君宏律师事务所执行合伙人李文玲

目前我国处于法治社会,依法治国已经成为基本国策,而法律制度也在不断完善的过程中。以习近平同志为总书记的党中央提出的"全面推进依法治国,让人民群众在每一个司法案件中都感受到公平正义"的法治理念备受大家认同。律师兴,则法治兴;法治兴,则国家兴,一个国家的法律就是在律师和当事人之间的各种案件中不断磨合,以求寻找到新的生命力。

外出打工,改变一生命运

李文玲出生于 1979 年,祖祖辈辈都是地地道道的面朝黄土背朝天的农民,在父亲去世之前,一家四口一直生活在安徽省淮北市濉溪县五沟镇桃园村。为了家里能有稳定的经济来源,能让李文玲和弟弟有更好的生活条件,父母每天都需要干农活,虽然日子过得清贫,但是一家人整天待在一起倒也是其乐融融。人有旦夕祸福,天有不测风云,就在李文玲即将小学毕业升入初中的关键时期,父亲迫于生活的压力疾病缠身,最终被医生检查出患有癌症,在与病魔斗争了几个月以后父亲败下阵来。屋漏偏逢连夜雨,母亲因为伤心过度也病倒了,李文玲不仅要接受父亲去世的事实又要照顾因为劳累过度而病倒的母亲。

在她的心里,父亲一直是自己学习的榜样,任劳任怨、忠厚老实,如今父亲去世,母亲病倒对于李文玲来说就好像天塌地陷,撑起家庭的重任毫无疑问的就落在了她的身上。为了能让小自己两岁的弟弟继续读书完成学业,李文玲在思考过后毅然决然地放弃了读书的机会,决定外出打工赚取生活费养活弟弟照顾母亲,原本只有在电视剧里才会看到的桥段,没想到在现实生活中真的存在并且就发生在自己的身上。

1993年,李文玲年仅16岁,因为年龄比较小,所以李文玲刚开始找工作时四处碰壁,最终经过老乡介绍李文玲来到芜湖市的一对退休老干部家当保姆,工作内容就是每天洗衣做饭、打扫卫生、照顾老人的起居,也正是因为这次外出打工的机会真正的改变了李文玲的命运。这对老夫妇一位是安徽省第一代老律师牛运昌先生,一位曾是芜湖市妇联办公室主任、芜湖市第二届人大代表邱镜智女士。都说时势造英雄,在两位高学历的老人影响下,李文玲的人生之路彻底发生了翻天覆地的变化。

两位老人听了李文玲的故事备受感动,虽然被生活打了一巴掌但是心里却一直在坚强。只可惜原本应该在课堂上学习的年纪却因生活所迫外出打工赚取生活费用,两位老人顿时心生怜悯,决定通过自己的努力帮助李文玲改变目前的困境。由于牛运昌老先生做了一辈子的律师,所以首先想到的是培养李文玲对法律的兴趣,为了让她对法律有新的了解和认识,每当下班回家时牛老先生都会带回一些案卷让她翻看学习,还会经常帮助她解释法律条文,分析案件。日积月累,原本只是一颗小小的种子却在李文玲的心里生根发芽,在她的脑海中,有一种声音始终挥之不去,我要当律师。

埋头苦学,为做律师打基础

1996年,17岁的李文玲在牛老夫妇的帮助和鼓舞下,决定参加法律专业的自学考试。从那时起,李文玲每天除了做好本职工作,洗衣做饭之外还需要利用休息的时间用功读书,因为从来没有接触过法律相关的知识,所以李文玲从零基础开始。三更灯火五更鸡,正是用功读书时,凭着内心对学习的渴望和对家里母亲与弟弟的思念,李文玲读起书来愈来愈勤奋。与此同时在牛老夫妇的帮助下,了解掌握的法律条文也越来越多。

皇天不负有心人,终于在自学六年以后,23岁的李文玲考取了法律专业专科毕业证书;为了更好地为自己未来铺路,又在牛老夫妇的建议下于 2007 年取得法律专业本科毕业证书。人生要在一次次勇于超越自己并不断向前迎接新挑战的过程中逐步完善起来,李文玲凭着坚强的毅力,于 2009 年通过国家司法考试(C 证),2010 年再次通过国家司法考试(A 证)。

拿到证书的那一刻起,李文玲就在心里发誓,自己一定要成为一名公平公正的律师,正是因为出身贫寒,才让李文玲深知自己肩上的责任重如泰山。即使是调节矛盾这样的小事件,在她的心里也必将全力以赴,追求公平公正,给予寻求法律帮助的人真正的庇护。2013 年 3 月,鸠江区某小学三年级学生晋同学,因为在一堂体育课中因一件小事与同学发生争执并被对方撞倒,导致两颗门牙损坏。因其已经过了换牙的阶段,所以牙齿没有办法再生。在争论的过程中,几方因为无法就安装义齿等问题达成共识,紧接着,当事人晋某家长找到李文玲寻求法律帮助,李文玲本着公平、公正的原则多次与双方家长进行协议沟通。

为了能够帮助到大家,李文玲一次次的向大家解释《学生伤害事故处理办法》及《侵权责任法》的相关规定。终于经过自己不懈地努力,在接到案件的一个月后,学校、当事人双方就争执达成了一致,受害者晋同学承担 20%,学校因为看管不利承担 30%,而剩下的 50% 将由对方承担。

始终如一,坚持公平公正

在其他人的眼里看来,律师是一个神圣而又光辉的职业,散发着迷人和智慧的光芒。有的学者甚至美化律师职业,称律师是"法治社会的守护神",是"正义与公平的使者",是"正义的骑士",是"法律的卫士"。20 世纪 80 年代的胡乔木那句脍炙人口的诗词更是把律师赞美到了无以复加的地步:"你戴着荆棘的王冠而来,你握着正义的宝剑而来。律师,神圣之门,又是地狱之门,但你视一切诱惑为无物。你的格言:在法律面前人人平等,唯有客观事实才是最高的权威。"

自 2009 年以来,她已办理法律援助案件近 300 件,义务进社区、进学校开展普法宣传十余次,调解各类婚恋家庭纠纷 25 起,免费解答法律咨询千余人次,积极参与民盟市委的"黄丝带帮教行动",资助民盟"烛光行动"贫困学生继续学业,资助贫困大学生重圆大学梦……李文玲怀着感恩的心,积极回馈社会。

执业十余年来代理各类案件上千起,有效挽回当事人损失 1000 多万元。2013年被推选为芜湖市第九届青年委员会委员、芜湖市第四届律师协会女律师工作委员会委员和芜湖民事法律专业委员会委员;2014 年被评为"第九届芜湖市优秀青年";2015 年她加入了民盟组织,又分别获得"芜湖市十大女政法工作者提名奖""芜湖市十大女律师""芜湖市'三八'红旗手"等称号,从而受到芜湖市政法委、市中级人民法院、市人民检察院等 12 个部门的联合表彰。

近几年,李文玲不断扩大未成年人公益讲座的受众面。积极深入学校、社区进行法治教育宣传。作为青少年维权法律专家,不论工作有多忙,她都要挤出时间为在线青少年解答法律问题。2016 年,李文玲主笔撰写的《关爱未成年人健康成长 预防和减少未成年人犯罪》调研报告获中共芜湖市委统战部重点调研课题三等奖,被民盟安徽省委授予"社会服务工作先进个人"荣誉称号。

李文玲表示,律师作为提供法律服务的执业人员,留给人们印象也许仅是法庭上慷慨陈词与据理力争,而作为一名民盟盟员,更重要的是如何更好地担负起维护法律尊严、服务社会各界的责任与义务。她会坚守住心中的法治梦,将以更加谦和的心、更加进取的姿态、更加务实的工作来回馈社会和服务广大人民群众,继续义务为社会弱势群体提供法律帮助,力求用自己的信心、良心和爱心来践行自由、平等、公正、法治的社会主义核心价值观。李文玲用她的毅力实现了律师之梦,她将在治国强国的道路上不停奔走,让法治阳光照耀在每一个人身上。

一朵耀眼的律界太阳花

——访北京市义方律师事务所执行主任李小波

她是一位铁面无私，能言善辩的律师，也是一位和蔼可亲的"律师妈妈"。

她在维护当事人合法权益中执着坚持；她在匡扶社会公平与正义上不让须眉；她在公益之路上充满激情，越走越宽；她更是在丰厚的人生履历中收获了喜悦和成功。

她的成长史是一部中国青年律师奋斗、成长的励志史，她的经历是中国女律师群体走向成功中的一道绚丽风景。

长期的律师生涯，一次次触碰到她敏感的神经。她是妇女儿童权益的"保护神"，她是老百姓的暖心人，她是各类经济纠纷的解决专家，更是诸多当事人的"救星"……

即使她有众多头衔，但最让她欢喜的是"律师妈妈"这个称谓。她曾说："生活中到处都是美，只要你有一双发现美的眼睛。当我由都市走向草原，看到孩子们那阳光灿烂的笑脸，我的心是那样的纯净和美好。作为职业律师，作为律师妈妈，我是幸福的，也是快乐的。"简简单单的几句话，折射出的是她的乐观与朴实以及她对孩子们那种真诚的爱。

她，就是北京市义方律师事务所执行主任李小波，一朵耀眼的律界太阳花！

半路出家，挑战跨界

法治建设路途中不分男女，女律师同男律师一样要在各类法务活动中拼搏坚守，无数次在法庭维护其委托人的合法权益，同时要兼顾家庭，这对于女律师们是一种不小的挑战。她们如果想在竞争激烈的律师行业中站稳脚跟赢得尊重,就必须付出更多的艰辛努力。

李小波是一名"半路出家"的律师,她最初从事的行业是令人羡慕的金融业。后来开始学习法律,想通过法律知识,在企业获得更好的发展。然而,她对法律专业知识的热爱越来越强烈,于是,她决定放弃"稳定、待遇丰厚"的财务工作,转而投入到并竞争激烈的律师行业,要知道做这样的决定是需要多么坚强的意志啊!

20世纪90年代初,成绩优异的李小波被中专学校优先录取,她选择了会计专业。进入学校后不久,她觉得学校课程过于轻松,希望通过自学来不断提升自己。她刻苦学习课程之外的专业知识,通过专业知识的积累,她报考了国际金融大专班,也成为她们那个班当年唯一报考大专的学生。

1994年中专毕业,1995年大专也随即毕业了。李小波毕业后被分配到吉林省榆树市粮食物资库做人事管理,后来又到其他单位做企业管理工作,一路走来,年仅22岁的李小波已拥有4年的工作经验。

改革开放以来,尤其是20世纪90年代中后期,市场经济体制逐步建立了起来,李小波的好友在厦门创立了一家计算机贸易公司,让李小波去帮忙。期间,李小波向往的是能在厦门大学学习,她看到穿梭于厦门大学校园的同龄人甚是羡慕,遗憾的是,当时的厦门大学在吉林没有招生计划。

半年多后,友人的公司步入正轨,她也离开厦门回到了老家。偶然的机会,父亲的好友递给她一张报纸,指着中缝广告说:"这儿有个成人高考的补习班,你这么年轻要不要继续上学?"

第二天,李小波即拿着报纸到了长春报了这个补习班,经过两个月紧张的补习,李小波参加了考试,考完后才告诉自己老妈说:"我要上大学了。"

李小波一直都很努力,她妈妈对她也充满希望。那时的李小波需要做出艰难的选择,是要辞掉"铁饭碗"的工作,还是要到北京上大学。周围大多人说:"一个女孩子,现在工作很稳定,你还折腾什么呀?"李小波最后决定放弃"铁饭碗",到北京上大学,妈妈成为她唯一的支持者。

李小波报考了中华女子学院、北京电力大学、中国政法大学和中央党校四所院校的法律专业,后被中华女子学院法律系录取,从此,开启了她的法律人生之路。

走进大学,李小波热爱法律,除了在本院校学习外,她还利用周末时间不断到人大、北大、清华等院校的法学院聆听学者、教授的讲座,不断地丰富自己。

毕业后,李小波和大多数同学一样参加律师资格考试,凭借扎实的专业知识,顺利通过了"天下第一难考"的律师资格考试。

喜欢挑战的李小波觉得,自己在财务、人力、企业管理、法院审判方面已经有实践经验,但对律师事务所方面的工作还不甚了解,于是她萌生了到律师事务所"看看"的念头。

就这样,李小波来到了当时方律师所在的一家律师事务所,做了方律师的助理。这个倔强的女助理在方老师的严格教导下得到了快速成长。

方律师要筹建成立北京市义方律师事务所,实习未满一年的李小波便转到北京正仁律师事务所担任李伟民律师的助理。实习期满,北京义方律师事务所成立,李小波又转回到了北京市义方律师事务所继续担任了方律师的得力助手。

就是这样,一直想成为一个企业家的李小波阴差阳错地成了京城的一名执业律师。经过几年的打拼,李小波挑起了北京市义方律师事务所执行主任的重担,并在行业内担任各种重要的职务,贡献着自己的智慧和力量。

工作中,执着的李小波不会随意改变计划,处理案件时即使遇到再大的困难和压力,她也从未轻言放弃,正是这份坚持与执着成就了现在的她。

虽说隔行如隔山,但是李小波从事过的行业跨度之大,涉及之广实属罕见。从会计到律师,中间经历了太多的波折,其中的艰辛可能也只有她自己知道,但她依然能做到最好!

"活法典"彰显独特魅力

自 1979 年律师制度恢复以来,我国律师行业得到了长足的发展,全国律师人数从 1979 年底的 212 人增长到 2015 年初的 27.1 万人。其中,女律师人数只有总律师人数的 1/3。我国的女性地位虽然在不断提高,但是女律师在律师行业里的数量、话语权仍然比较薄弱。一个女子能在律师行业独当一面是非常不容易的,其中的辛酸和艰难也是常人无法想象的。

刚进入律所时方律师说:"你知道我为什么会聘任你做我的助理吗?就是因为你对各种法律条文的记忆能力超出常人,我到哪里等于都带了本'活法典'。"

李小波对于法律条文和司法解释的熟识度相当自信,无论是民法、刑法,还是合同法,当年,她都能全文背下来,方律师称她为"活法典"是有道理的。

李小波还报考了中国社会科学院法学在职研究生,自此,李小波也在北京深深地扎下了根,北京深厚的文化底蕴和学习氛围深深吸引着她。

在律师界,每个律师在执业之初都会遇到各种困难、困惑,甚至陷入困境。尽管自信心超强,但她初入律师界时也不例外。

方律师让李小波写一份起诉书,作为文学爱好者且对中国古典文学造诣颇深的李小波借助互联网下载了范本,洋洋洒洒书写了一份自觉相当"华丽"的起诉书,呈送给方律师。方律师看后,没有任何修改,随即将该起诉书撕掉仍进了纸篓,说了句"不值得修改"!李小波的自信心受到了沉重的打击,在这个"严苛"的老师面前开始怀疑自己是否适合律师这个职业。

李小波说:"当时年轻气盛,不知道什么叫失败。但是当真正进入到律师行业,发现自己学的知识太浅薄,再加上遇到一个严苛的老师,甚至对自己的能力产生了怀疑。"

李小波最终还是选择坚持下来。她在办公室附近租了一间屋子,以便省下路上坐车奔波的时间,每天第一个上班,最后一个下班。

律所里有一部免费法律咨询热线,每天都会有很多的咨询电话打进来,问的问题五花八门,李小波都耐心地一一解答。遇到当时回答不了的问题,她就记下对方电话,然后仔细查实法律条文和司法解释,再给客户回拨过去做解答。

边工作、边学习、边研究,不到一年时间,李小波很快地成长了起来。她终于在律所里,有了成为一名律师的归属感。

在律界这么多年,李小波克服重重困难,用过硬的专业知识和专业技能以及坚持不懈的努力,赢得了许多声誉。

刑事辩护律师的执业环境堪忧，很多年轻律师不愿意参与刑事辩护，因为大部分刑事案件不但收费低，工作量大，案卷多而繁杂，还要面临自身的执业风险和权利保障问题。

然而，李小波却认为，刑事辩护是一名律师执业的基础和根基，刑事辩护对律师的综合素质要求很高，最能体现一个律师的能力和水平。正是有了刑辩律师们的执着与坚守，才使得国家在刑事诉讼领域的制度不断完善。

其中"微博第一案"的成功办理给了李小波很大的安慰。

2010年，微博刚刚兴起，有关微博侵权的案例很少，李小波没有案例去借鉴。所以，当她受小米科技创始人、董事长兼CEO的雷军委托状告中国互联网安全企业360集团公司董事长兼CEO的周鸿祎，利用微博对金山实施侵权时，一度陷入了困境，甚至是绝境。

2010年6月，李小波拿着立案申请来到法院，却被法院告知不能立案，"出师未捷身先死"，面对这种状况，她据理力争，要求法院给出不能立案的解释和文书说明，不然就必须立案。最后，经过李小波多次的直面交涉和不懈努力，法院受理了案子，案件迈出了第一步。

打硬仗的时候到了。在接下来两年多的案件代理过程中，李小波针对案件情况进行详细分析。首先，针对网络更新快的现状，将周鸿祎在新浪、搜狐、网易等微博上发表的多篇博文第一时间申请公证，以确保被告的侵权证据不被破坏。接下来，在庭审阶段，针对被告方提出的原告诉讼主体不明确的问题进行充分举证说明。经过激烈的辩论，被告方在大量的证据下败诉，判处周鸿祎立即停止侵权行为并发致歉声明，赔偿委托方当事人雷军经济损失5万元。至此，长达两年之久的"微博第一案"终于落下帷幕。

这个"马拉松"式的案件使李小波身心俱疲，但她觉得值。因为她坚信，不管是在现实中还是在网络中，肆意对他人或者其他组织进行攻击，本身就是错误的，是违背传统道德的，也是违法的。所以在案件伊始，尽管困难重重，她也一定要努力揭开事情的真相。

这起案件后来被引入司法解释中，李小波甚是感怀。不为别的，只为它能给类似的案件带来一些启发。

热心公益　奉献爱心

　　李小波从事律师这么多年,尤为关注妇女、未成年人维权这两个领域,之所以这样,很大程度源于她求学时期的经历。

　　李小波起初读的是女子学校,做学生干部的时候经常会参与一些由联合国组织的妇女调查,不自觉地就提高了对妇女、儿童的关注度。

　　在职业道路上遇到的很多事更坚定了李小波的信念。她在进行律师工作的同时,热心参与公益事业。

　　12 年来,李小波从自己做公益到带领全所律师做公益,并倡导西城区律师一起从事公益事业。经过大家的努力,为老百姓免费解答法律咨询上万件。李小波还致力于未成年人的保护事业,为北京市 16 个区县的法律救助机构组建法律顾问团,并担任北京未成年人救助中心的法律顾问,为孩子们和救助中心解决法律问题。从开辟线上法律讲座,到资助内蒙古喀喇沁旗的一对双胞胎姐妹,李小波都亲力亲为。她的奉献精神值得每个人敬佩和学习,也让人们明白做公益是一份崇高的事业,需要大家一起行动起来。

　　翻开她的"公益简历",可以看到很长的一页:免费法律咨询和法律援助、参加北京市老年法律服务团、担任北京未成年人救助中心的法律顾问、北京 SOS 儿童村的"律师妈妈"、"青年之声"青少年维权服务联盟成员、发起组建"大手拉小手"公益项目……

　　2013 年,她在内蒙古商都市资助一名特困学生至今。

　　2014 年 3 月份,李小波在北京市西城区律师中倡导开展的"大手拉小手"救助内蒙喀喇沁旗贫困学生活动,西城区有上百名律师报名,至今为贫困家庭的 200 多个学生提供了一对一的助学捐助活动,并将该活动作为区律师协会的一个公益项目,得到了社会各界的广泛支持。

2015 年,李小波又资助了一对双胞胎姐妹。

李小波连续三年完成了全国 SOS 儿童村妈妈的法律培训,受她资助或帮助的全国 SOS 儿童村的孩子们,都亲切地叫她"律师妈妈"。她积极参加电视台法律类节目,在电台开展说法类节目,在报纸网络媒体上开展法律咨询类栏目,利用自己的专业知识去宣传法律,解决老百姓的法律问题。

繁忙的工作之余,她每年都会为社区、学校、企事业单位开展公益法律讲座数十场,获得了街道、居委会、居民、外来务工人员、学生和老师的一致好评。

"通过帮助一些人,有利于孩子教育,我可以更好地理解母亲的角色。另外,孩子和我一起参与,也学会分享快乐。其实是他们(孩子)改变了我,改变了我对生活的认识,让我获得了快乐,让我觉得自己更有价值。" 李小波表示,在未来的日子,将持续在律师队伍中开展捐资助学活动。

她说:"最大的心愿是,每年单独发起一个微公益,每年选择一个地方,为特困地区的孩子做点儿事情。"

她是维护法律尊严的律界太阳花,一朵耀眼的太阳花。她的仗义执言,她的乐观向上,她的扶贫济困,不仅给身边的人带来灿烂阳光,给律界带来了温暖春风,也给许多贫困家庭带去了无限希望。

李小波奋斗的事业不会停止,她的故事还在继续……

敬业精业　但凭佳绩铸风流

——访广西香桥律师事务所副主任律师潘永成

　　古语说:"自知者明,自胜者强。"谁能战胜自身的弱点,谁才能成为强者。他,从一名教育工作者到一名事业有成的优秀律师,以其不寻常的成长经历验证了这句古语。

　　他就是——潘永成!

　　成功来源于不懈的努力,根植于对事业的无尽热爱。对潘永成来说,律师工作不是谋生的职业,而是一项必须全身心投入的高尚事业。他始终视律师为崇高的事业,他始终把敬业、拼搏、爱岗、奉献作为自己的人生信念。他说,职业只是养家糊口的工具,而事业才能实现人生价值。

初出茅庐

　　"律师以自己的法律知识维护了法律的正确实施,为委托人争取到了最大的利益,可以更大程度的体现个人的人生价值。"在潘永成眼中,律师是一个光荣的,受人尊重的职业。少年时候,潘永成非常喜欢看港台剧,特别是港台剧中的一个个在法庭上激情昂扬、思维敏捷、口齿伶俐的律师形象,对潘永成印象特别深,从那时起他就有了做一名律师的梦想。

　　潘永成出生于 20 世纪 60 年代的一个普通农民家庭,1988 年师范毕业后分配到当地教育局工作,从普通科员做到局中层干部,可以说事业一帆风顺。然而,他心中始终深藏着一个律师梦,为了实现自己的梦想,也为了挑战一个不一样的生活,他毅然辞去公职。他凭着对律师的无限向往,靠着坚定的毅力,勤奋的精神和信念,日夜苦读,通过坚持不懈的进修、自学和实践,终于在 2004 年如愿以偿地拿到了朝思暮想的律师资格证书。

"作为一名律师,不仅要有和别人不一样的勤劳和智慧,更多的还要有正义、勇气与良知。法律无小事,律师的使命是神圣的,任何的马虎、草率都是对律师事业的亵渎,我既然选择了律师这一事业,那么,就一定会为正义奉献我毕生的精力。"他是这样说的,更是这样做的,成为一名律师后,潘永成以维护社会公平正义为职责,以奉献社会为己任,始终坚持诚信执业的宗旨,坚信服务品质与诚信是开拓法律服务市场的法宝。

然而,万事开头难。潘永成在执业之初也遇到了很多的问题,比如刚刚执业的律师案源少、当事人的不信任和不理解等,同时他自己对如果做一名优秀律师还缺乏经验,工作思路和工作方法一时还打不开,可谓困难重重。但长期的教育工作经历,让潘永成深知:天下没有做不成的事,只有不努力的人。于是,他先投身于学习,无论白天晚上,只要一有空他就拼命地学习。通过刻苦的努力,潘永成迅速成长了起来,工作也渐渐步入正轨。

亮剑出击

"冰冻三尺,非一日之寒",非法学专业科班出身的他,能够在这个人才济济的行业中立身如松并做出骄人的成绩,他付出了比别人更多的汗水。从 2003 年通过国家司法考试,到 2004 年取得法律职业资格证书,潘永成从事律师工作已有十几年,而在专职从事律师工作前,他还在县人民法院担任人民陪审员 5 年,审理了民事、刑事、行政等各类案件 1000 余件,是县、市优秀人民陪审员。

从事律师工作后,潘永成以工作经验丰富、做事认真细致、思维逻辑严谨、法理分析精准透彻、语言文字表达能力强而著称,擅长婚姻家庭纠纷、人身损害赔偿、劳动纠纷、刑事辩护、交通事故等民事、刑事、经济类案件。

在执业生涯初期,潘永成曾为一刑事案件的被告人做无罪辩护,经过对案情的仔细研究和证据比对,最终使检察机关撤回起诉。这是潘永成无罪辩护的第一个成功案例,也为自己的执业生涯打响了漂亮的一枪。

那是 2008 年,检察机关指控被告人在清理化解农村义务教育"普九"债务期间,通过隐瞒事实、变更工程合同时间等手段,套取国家清理化解农村义务教育"普九"债务专项资金共 24 万多元,要求应以滥用职权罪追究被告人的刑事责任。作为被告人的辩护人,潘永成从主体不适格、一项目没有隐瞒事实、化债范围符合规定、指控数额未达刑责标准等方面为其作无罪辩护。此案经过 2 次开庭审理,最终检察院以证据有变化为由,对被告人撤回起诉。

"政策的前后变化情况对被告人的行为是否构成犯罪起到至关重要的作用,一定要认真进行梳理分析。同时,要对被告人行为效力与责任终止精准把握,对犯罪立案标准要搞清楚。"通过这次案件,潘永成总结出,只有通过认真细致的工作,才能最大限度地维护当事人的合法权益,获得公检法部门的认可,真正体现出律师工作的责任与价值。

之后多年的律师从业经历,潘永成总结出了自己的一套律师职业理念:把每个案件都做成精品,全心全意去办案,做到精确、精致、不留遗憾。潘永成常常说,只有脚踏实地、勤勉尽职的把律师工作做好,通过自己的努力帮忙更多的人,让大家认为这是一个好律师,自己就知足了。

法庭如战场,潘永成决心要为当事人打好每一仗。无论是劳动纠纷、婚姻纠纷,还是涉及刑事案件,他都充分发挥自己的法律服务专长,多次参加由国家有关部门组织的研讨、培训活动,并深入系统地对这些法律领域存在的政策问题进行分析,不断加强自己学习,及时掌握最新的辩护方法和技巧,尽最大努力为当事人服务。

在工作之余,潘永成还撰写了多篇专业论文。那一件件林林总总的成功案例,那一本本堆积如山的读书心得,无不浸透着他付出的心血、智慧与汗水。十多年来,他始终坚持政治学习,关心国家大事,认真学习马列主义、毛泽东思想、邓小平理论、"三个代表"的重要思想以及科学发展观等各种政治理论,自觉接受共产党的领导,始终拥护党中央的路线方针政策,具有严谨的大局意识和强烈的责任感。

在执业过程中,他严格遵守国家法律、法规、律师职业道德、执业纪律规范,对待当事人诚实守信,始终坚持以忠于法律、维护正义、廉洁自律、依法办案的原则承办案件,敬业勤业,严密审慎、切实维护当事人的合法权益。面对同业竞争,相互尊重,公平竞争,充分体现了一个优秀律师应有的政治素质和政治信念,从未有过任何不良执业记录。

精益求精

"好律师既不是看办案数量的多少,也不是比从业的资历,更不能论收入的高低,好律师要有正确的职业理念、高尚的执业道德、过硬的职业素质和良好的职业声誉,把律师当成事业来做的激情和追求。"潘永成如是说。

凡经潘永成办理的法律事务,无论大小,是否收费,他总是全身心投入,全面收集证据、研究相关的法律、法规,提出周密的代理或辩护意见。他写的法律文书总是数易其稿、字斟句酌、反复推敲,即使是提交的证据目录,他也仔细反复斟酌多遍。他常说:"当事人是律师的衣食父母,当事人是相信我们,相信我们的业务水平和专业知识,才把这么关乎切身利益,甚至是身家性命的事情交给我们去做,不尽心,我们怎么能挺直脊梁骨去面对当事人!"

对于刚入行的年轻律师和实习律师,潘永成倾尽全心去教他们,潘永成告诫他们,做律师要"受得起打击、守得住信仰、耐得住清贫"。律师表面上看去很光鲜,真正从事这个职业时,才能体会到律师的艰辛。潘永成一直坚守着自己的职业操守,称律师不能钻到钱眼里去,不要为了赚代理费而不惜损害委托人利益。他说:"律师是维护社会公平正义和委托人权益最大化的服务员,违背这个理念,损害的不仅是律师个人的声誉,而是整个律师行业的声誉。"

对于律师个人的品牌建设,潘永成认为是为了让更多的人了解律师的能力与实力的做有效途径之一。律师再有能力、再能干,如果当事人不知晓、不了解,又如何能找到你呢? 为了打响服务品牌,潘永成坚持"党建就是所建、党建强所建强"的理念,团结和带领广大党员律师,围绕中心,服务大局,发挥党组织的战斗堡垒作用和党员律师的先锋模范作用,发挥律师职能作用,为社会提供多种形式的法律服务。在化解社会矛盾纠纷维护社会稳定、带头依法诚信尽责执业、积极参加公益活动回报社会、加强律师事务所党的建设和队伍建设等方面开展了一系列活动,增强了全所律师的社会责任感,提高了律师工作的社会影响。

由于对律师事业的热爱与执着,使潘永成练就了一身过硬的执业技能,从而演绎了一个又一个成功的案例。潘永成认识到,仅有较深的法学素养和熟练的执业技巧是远远不够的,如果一个律师没有勤勉敬业的精神,没有良好的品行,既无法走向成功,也无法获得社会及当事人高度的评价。作为一名不断走向成熟的律师,他坚信先做人,后做事。工作中,他不放过任何一个有利于当事人的案件事实;庭审上,他言词缜密有度,驳斥对方有理有节,"重事实、重法律"的执业方式,使委托人充分信赖,也得到了法官的充分尊重。

为年轻律师代言

——贵州黔信(毕节)律师事务所律师彭昊

年轻人初做律师非常艰辛,需要很大的毅力坚持下去,第一年每日都在夜幕中煎熬,没有方向,寂寞、孤独、茫然。经过痛苦的蜕变,才能调整出一个良好的心态去慢慢履行自己作为一名律师的使命。

彭昊作为一名年轻律师,孜孜以求法律知识,依法办事,践行法律,为公民争取公正的天平;以宪法为根,以法律为枝,撑起正义的参天大树;具有强烈的社会责任感,为公民提供法律服务,无愧于人民;具有深厚的使命感,化解社会矛盾,构建和谐社会。

矢志不渝,以律师为业

法院审判工作中的庭审象征着法律客观性的仪式程序,法官袍服、法台法椅、法槌响声、法庭布置、制式辞令,这些象征职责的各种符号和元素不仅使法官本人,而且使在法庭参与审判过程的所有参与者,特别是通过现代媒体传播后使整个社会都铭记于心。

"大学时代,老师带领我们参加庭审,当时庭审的仪式让我觉得,做一名律师也可以这么庄严、肃穆。"庭审过程中神圣的仪式感,让彭昊的心灵受到了强烈的震撼。他当时参加庭审的是法律援助的案件,帮扶弱小,让律师自身的价值得到了充分体现。正是这个原因,让他坚定职业理念信仰,决定终身以律师为业。

彭昊也曾因为家庭原因动摇过律师的梦想,父母认为公务员工作体面、稳定,一直希望他能够考上公务员。应父母要求,他通过了当地的公务员笔试。而经过一两个月的思想斗争,他最终还是放弃参加面试,一心坚持做律师行业。

律师行业虽然辛苦,但这是彭昊一生的梦想,能真正体现自己的个人价值,是他一生的追求。

彭昊用自己的辛勤付出打动了父母,经过交流沟通,父母也非常支持他做律师。虽然在实习期间,律师收入不高,平时经常需要加班,但是随着业务能力的提高,律师的收入与付出形成正比,他在做律师的第二年的收入也相对提高了很多。这给了他很大的信心,他自信能在律师行业做得越来越出色。

扬长避短,维护当事人合法权益

2015 年 2 月,彭昊在贵州圣谋律师事务所实习。实习期间,他接到了作为律师的第一个案件。这是一个劳务受伤的案件。他受委托人委托,向被告提出经济补偿。由于这是他接手的第一个案件,自身经验不足,又没有及时与带他的老师沟通,导致没有为受害人争取到应得的利益,案件被发回重审。这个案件一直拖到现在,还没有给受害人一个满意的结果,成为他心中永远的痛。

为了不再发生这样的悲剧,彭昊努力提高自己的业务能力,慢慢积累自己的人脉。他摒弃个人好恶、偏见,以委托人的利益为出发点,为争取委托人最大的合法权益而努力工作。

在从事律师行业前,彭昊性格比较内向。在上学期间,他甚至都不好意思回答老师的提问。为了克服自己内向的障碍,他努力向老师学习专业的法律知识。"现在案件证据充足,有事实法律依据,我都可以与对方进行辩论。"通过这样的锻炼,他现在与当事人的沟通也变得更加顺畅。"虽然我觉得做律师和自身性格没有太大的关系,但是成为律师后的确改变了自身的性格,更加外向,勇于尝试。"精准、快速地知晓当事人的意向,在法庭上沉稳镇定,据理力争,已成为他最基本的工作状态。

量变积累，实现质的飞跃

对于案源，彭昊有自己的坚持。他从不刻意寻找案源，而是将别人交给他的每一个案件，都积极主动地负责好，维护当事人的合法权益。在庭审中，他对待案件认真负责的态度，阳光自信的个性，感染着自己的委托人及对方当事人，赢得了他们的一致好评。从 2016 年下半年到现在，他接的一些案件，基本上都是曾经的对方当事人主动找到他，并委托他办理的案件。

从 2016 年 2 月开始，彭昊迎来了他律师执业生涯中的第一个小高峰。贵州圣谋律师事务所的几位老律师自己创办了贵州黔信（毕节）律师事务所，他也随之来到这家律所。

由于贵州黔信（毕节）律师事务所是新创立的律所，当时人员不够，彭昊作为刚执业的律师，独立完成了大大小小 30 个左右的案件。之前的他虽然既没有庭审的经验，又没有庭审的把控能力，但是经过大量的案件庭审工作，让他的业务能力得到了快速提高。

法律援助，以正义为本

法律援助是一项社会公益事业。在实习期间，彭昊就曾办理过法律援助案件。在刚执业的半年内，彭昊办理了 15 件法律援助案件。他坚持公平公正的原则，认真对待每一个案件。

在办理一个未成年人贩毒的案件时，彭昊发现当事人年幼，缺乏家庭教育。他经常与当事人聊天，带给当事人正能量，把当事人向正确的方向引领。

现在彭昊能在做律师业务的同时，坚持做法律援助案件，得益于他实习时的老师张厚军。实习期间，张厚军对彭昊的影响非常大。张厚军办理案件细致、严谨，从不放过任何疑点，一旦发现问题，他都会追根溯源，一直到把问题搞清楚为止。张厚军这种严肃、认真的工作态度深深影响了彭昊,让他终身受益。

择善而从,履行律师使命

彭昊认为自己能够坚持一直做律师,并做出成绩,离不开大学的努力学习、导师的精心引导以及履行律师使命的责任感。

在大学期间,彭昊刻苦学习,掌握了法学理论知识;他积极参加法律活动,为自己入行打下坚实的基础。

作为一名年轻律师,彭昊严于律己,认真对待每一个案件。他以积极的精神面貌、认真的工作态度,在庭审上赢得了众人的认可。

能在律师的道路上走到现在,彭昊常怀感恩之心,感谢一路上带领他的前辈的指导和付出。

前辈们丰富的执业经验被彭昊熟练地运用到各类案件中。闲暇时,他经常细阅法律书籍,增加自己的法律知识储备;周末约上几个好友健身,释放身心的疲惫,净化自己的心灵。

在做实习律师时,彭昊首次遇到了不配合的当事人。带领他的律师十分维护他:"这个案件完全由你承办,你与当事人沟通具体案情。如果他拒绝沟通,你就直接告诉他来我们事务所,解除委托合同。"面对这样的信任,彭昊十分感动,同时也使他进一步树立了办案信心,在他的努力下,最终将案件圆满完成。

在执业的贵州黔信(毕节)律师事务所,彭昊最想感谢的是蔡晋平律师和段永俊律师。他们给予了彭昊很多独立承办案件的机会,用自己的口碑和名气为彭昊撑起一片天空。

"即使我在办理的过程中出现一些问题,甚至在办理后造成了一些严重的后果,他们也给予了我很大的包容,承担起我的错误,努力培养我。"彭昊无时无刻不感激他们给予的成长机会。

前辈的指导培养出了一批批优秀的律师,彭昊认真严谨的工作态度,也得到了律所律师们的一致认可。

现在彭昊以诉讼类案件为主,非诉讼案件为辅。非诉讼案件涉及的知识面比诉讼类案件更加广泛,他希望自己通过大量的诉讼案件,奠定做非诉讼案件的基础。

彭昊计划将来考取全日制法学硕士,在当地知名律所执业。他希望在不断提高自己业务水平的同时,为推进国家的法治建设奉献自己的一份力量。

彭昊已规划好自己未来的航向,海平面上的一轮红日正在冉冉升起。

诚信为本　专业为魂

——访北京市振邦律师事务所高级合伙人蒲文明

　　他激情饱满地从事着律师事业；他精益求精地打磨着专业水平；他知行合一地履行着对委托人的承诺；他背负着公平正义的重任，在法治路上镌刻着自己的人生轨迹；他用哲人的智慧、法学家的素养，向世人证实着一位优秀律师应有的责任与担当。

　　他虽然不是法官，但一样守护着正义的天平；他虽然不叫青天，但一样呵护着百姓的冷暖。他信奉"客户利益无小事"，坚持以委托人为中心，以案件质量为己任，并把"诚信是律师的生命"作为自己的执业信仰；他通过自己丰富的专业知识，手持伸张正义的达摩克里特之剑，维护了无数委托人的合法权益，在业界和客户心中均享有极高的口碑和赞誉。他就是——北京市振邦律师事务所高级合伙人蒲文明。

诚信是永恒不变的信仰

　　当笔者还未采访到蒲文明本人、仅仅是翻阅相关资料时，蒲文明名字后面所跟的"首届中国百强大律师，中华全国律师协会会员""成功代理多起最高人民法院、地方各高级人民法院审理的疑难与重大复杂的再审、申诉案件"等相关执业荣誉和执业经历已经让笔者感到惊讶不已。是什么样的律师能够在业界取得如此耀眼的成绩？是什么样的律师能够拥有如此突出的专业实力？当笔者带着敬仰和疑问采访蒲文明本人时，从他的回答中，笔者找到了答案。"在我看来，律师职业是一门专业性和技术性非常强的职业，也是一门充满挑战和智慧的职业，更是一门体现律师自我人生价值的职业。而在从业过程中，我始终相信诚信是律师的生存之道，立业之本。在受理案件时,我坚信'没有小案件,只有小律师',面对客户的委托,始终做到'想客户之所想,急客户之所急,解客户之所困',用自己的态度和言行去证明诚信和专业从来都不是一句空话,而是对客户实实在在的承诺,是始终如一的坚守,是永恒不变的信仰。"

蒲文明铿锵有力的话语让笔者的心头为之一振,在如今这个利益至上的社会里,很难想象一个人还能把诚信置于自己人生价值观中最重要的位置,但蒲文明做到了。从业十多年,他用自己的言行举止践行着对诚信的坚守,对客户的承诺,用自己的敬业、专注和拼搏的态度,用出类拔萃的专业技能成功受理了一起又一起复杂的案件,并努力为每一位客户赢得利益的最大化,他倾心的付出也得到越来越多客户的赞扬和肯定。在这个过程中,他积累了丰富的从业经验,并让自己成为中国名副其实的诚信、专业、知名的顶尖律师!

珍惜客户委托　力求公正裁决

在蒲文明眼里,只要是客户委托的法律事务,无论涉案金额多少、案情重大与否,他都会用心、细心、全心地去分析研究,设计制订最适合客户的诉讼争议解决方案,从而在法律范畴内用自己专业的知识使客户得到最公平公正的对待。在蒲文明从业的十多年里,他承办了大量合同、经济、房地产、公司法等领域的民商事诉讼与仲裁业务,参与和代理了多起具有重大社会影响力的职务犯罪、经济犯罪、死刑复核等刑事辩护案件,同时为多家企业、政府机构等提供常年法律顾问和专项法律顾问等非诉讼法律业务。经过多年的研究与总结,他还整理出了一整套企业风险管理体系和为企业做好法律顾问的技能和方法,有效防控企业日常运营和具体项目中的操作风险,为企业挽回重大的经济损失。

面对着自己的业务成绩单,蒲文明则显得十分淡然。当笔者询问到有哪些案件是让他觉得非常有意义时,他列举了两起印象深刻的案件。第一起案件是 20 世纪 90 年代的一起重大财务纠纷案件,涉案金额达 3 亿多元,由于被告没有按照约定履行合同上的职责,导致委托人蒙受了重大的经济损失。蒲文明在接受了原告的委托之后,对原、被告之间签订的合同及协议进行仔细的考证与研究,并向法院证实了被告确实直接或间接地拖欠了委托人 3 亿多元,在北京市高级人民法院调解处理下,在蒲文明的据理力争下,判决被告分两次向原告支付拖欠费用,案件最终得以圆满的解决。另外一起案件的被告是重庆市某局局长,后因涉嫌受贿而被人检举揭发。此案件在当时备受媒体和社会的关注,蒲文明在代理了此案之后,顶着压力对本案近百册的涉案卷宗进行了考究与认定,最终使被告受到了法律应有的制裁。

打造诚信品牌 树立良好口碑

孟子曾说:"诚者,天之道也;思诚者,人之道也。"描述的就是诚信在一个人的社会发展中所起到的重要作用。眼下律师行业已经成为热门行业,有许多年轻律师在律师从业之路上努力打拼着,当问到蒲文明对于这些年轻律师有哪些建议时,蒲文明则显得感慨万千。在他看来,要想在律师行业中有所建树,在激烈的竞争立于不败之地,除了要有完善的知识结构、健康的心理素质、雄辩的口才及娴熟的辩证技巧外,最重要是对委托人讲诚信、重信誉。因为诚信是律师的生命,是律师个人品牌和事业可持续健康发展的基本保证。同时,他也告诫各位年轻律师,在职业发展过程中一定要沉下心来,善于总结,慢慢打磨自己的专业技能,任何一门行业从入门到成功都需要一个过程。对于一名律师而言,在大大小小的经手案件中历经挫折,但只要保持一颗积极向上的心和始终如一的坚持,自己的专业能力和业务水平终究会得到一个质的飞跃。

律师手持法律武器,长期与各色人等打交道,在代理案件之时,难免会遇到一些诱惑和考验。当笔者询问到蒲文明是怎么处理这些问题时,他认为,在从业过程中遇到一些纷扰的诱惑之时,要时刻铭记自己是人民的律师,一旦打开诱惑的潘多拉宝盒,法律中的公平和正义也就不复存在。作为一名优秀的律师,要在律师职业中大放异彩,就一定要把诚信作为从业和为人的根本之道。它关乎着律师的品牌形象与办案质量,一名连诚信都做不到的人自然也就不可能做好律师工作。从业以来,蒲文明时刻都没有放弃过对诚信的坚守,无论案件有多小,他都志诚志信地为每一位委托人提供最优质的法律产品和服务,从每一份咨询、委托、案件中,践行着对委托人的承诺,因为他知道每一位委托人都是在最无助、最困难、最需要法律保护的时候才找到律师,律师承担的不仅仅只是一起案件,更重要的是委托人的利益和信任,唯有讲究诚信才能在律师与委托人之间建立最坚固的桥梁,不断地打造诚信品牌,树立良好口碑,使这座信任的桥梁越来越坚固。

蒲文明,一位在中国的刑事辩护领域拥有很高声誉的律师,一位为数百位犯罪嫌疑人争取到最轻判刑的律师,一位在民商事诉讼、公司法律顾问中饱受民事诉讼人和公司高管老总认可与好评的律师。他精湛的办案水平和重诚信的人生态度,使他逐渐成为当事人最值得信赖的好律师。十多年的风雨历程,对于蒲文明来说只是一个里程碑式的结束,下一个人生阶段他会继续发挥自己的专业优势,在维护公平伸张正义的法制天地中努力拼搏,为越来越多需要帮助的委托人带去法律上的援助,用睿智和执着描绘出浓墨重彩的法制蓝图,为中国的法制建设贡献自己应有的力量。

"与高人为伍,与智者同行",在采访过程中,蒲文明对于追求公平正义的信念和对诚信的坚持,让笔者深深折服。在中国的法制社会建设中,希望能够涌现出更多像蒲文明一样优秀的律师,用法律的力量带给人们更多对于和谐社会的追求与向往!

以坚强党性向法治中国致礼

——访北京市富程律师事务所高级合伙人、党支部书记任向东

以法治为目标、以法律为准绳,捍卫公平、守护正义,是每一个律所的神圣使命,更是每一位律师的毕生追求。伴随着中国法治化进程不断加快,运用法治思维化解矛盾维护稳定、保证权益实现公平已经成为时下的方向与主流。在这一伟大进程中,我们不仅深刻地感受到了顶层设计的智慧与决心,律政行业的坚定与付出,还清晰地见证了中国共产党依法治国、依法理政所取得的瞩目成就,缔造的辉煌未来。

倍加欢欣、倍受鼓舞之际,让我们走进中国法治建设的缩影——素以建设规模化、国际化为目标的北京市富程律师事务所,共同倾听时代强音、领略发展风采。

多年来,北京市富程律师事务所以真真正正、踏踏实实的业绩赢得了业内赞誉与社会好评。面对这些斐然成就,律所高级合伙人、党支部书记任向东道出了其中的道理,坚持党的领导才是从事法律服务的根本前提和重要保障。

无悔的人生选择

任向东文武兼备、内外兼修。血气方刚的青年时代,他遵从自己的心意,步入了向往已久的绿色军营。部队生活中,内敛、务实的任向东除了练就铁打筋骨、坚强意志,还锤炼出了坚强党性,成为一名优秀的解放军战士。由于他工作讲原则、遇事讲方法,特别是在困难面前不低头、不畏难、不蛮干,总是能够用最简单的方法最快的解决问题、化解不利,受到了上下一致好评,被评为学习朱伯儒建设社会主义精神文明先进个人,不久就光荣地加入了中国共产党,并被任命为班长。

走上班长岗位,任向东更加严格地要求自己,并时时处处为全班战士做出表率。

他总是坚持动作比别人规范标准,困难面前总是身先士卒,任务面前总是一马当先。此外,他还经常利用业余时间,努力学习党的理论知识和法律知识,认真阅读文选,不断提高自己的政治理论素养,积累了扎实的理论功底。

光阴似箭,四年的部队时光转瞬即逝。任向东退役后回到了河北原阳老家,走进了化稍营中心法律服务所,出色工作不到一年就出任中心主任,而且被河北省军区政治部、河北省民政厅评为退伍军人先进个人,中央电视台以"我们的退伍兵"为题做了报道。

法律服务工作对于军人出身的任向东来讲,这个全新领域绝对是一个巨大挑战。难题前面,这个刚毅的男子汉一如在军营时一般,拿出了不怕苦、不怕累、不怕难的一贯作风,开始了他边学边干的职业生涯。为了更好地服务于党、服务于发展、服务于人民,他如饥似渴地学习法律基础知识,背诵法条,谦虚地向身边的律师和同事请教,不断积累经验、总结方法。他先后自费到河北政法学院、中国政法大学进修,功夫不负有心人,十年的时间,他凭自己的能力与实力,在主任岗位上做出了突出贡献,取得了优异成绩,他带领的所被司法部授予优秀所。由于工作出色他被任命为河北省阳原县 148 法律服务协调指挥中心主任、河北启扉律师事务所党支部书记、律师事务所主任。后来 2015 年又考取了中国政法大学在职研究生继续深造,不断丰富和提升自己。在法大学习期间还出任了班党支部书记,连续两年被评为优秀支部书记和优秀班干部。

于任向东而言,这十年,他有两个重大收获和感悟。一是有志者事竟成,困难面前永不言败。二是律师首先要抛弃替天行道的江湖作风和杀富济贫的侠义心肠,一定要从为党分忧、为民解难的高度,履行法律所赋予的权利和义务,否则公平正义、和谐发展将无从谈起。

就这样,任向东成为无数人心目中的东方暖阳和正义之光。

执着的事业追求

近 30 年的执业生涯、15 年的律所主任经验,使任向东养成了一个融入血液、深入骨髓的工作习惯。那就是无论是在河北原阳、在北京带领华舟律师事务所、还是日后加入富程律所高级合伙人,他始终将党性原则摆在首位,在强化团队业务能力的同时,狠抓律所的思想政治建设。因此,在一些涉及和谐稳定的复杂案件中,任向东总是能够以大局为重,充分运用自己平生所学,在积极化解社会矛盾、解决复杂问题的同时将党的温暖和法治的力量传递给社会、传递给所有人。

在他的积极努力和精心筹备之下,2016 年 9 月中共北京市富程律师事务所支部委员会正式成立。较之于其他律所,富程律所坚定、全面地接受党的领导;较之于其他支部,富程律所以法律为武器更好地服务于进步与发展迈出了新的步伐。

任向东深知律师行业使命、责任和担当。作为法律专家,这一特殊群体肩负着维护国家法律正确实施、维护当事人合法权益的崇高使命,对社会来讲举足轻重,对发展而言不可替代。特别是党的十八大以来,伴随着依法治国根本方略的顺利实施,完整的中国特色社会主义法律体系已经形成。新形势对律师的整体素质提出了更高、更严要求,因此律所的执业风险防控工作刻不容缓。为此他以一个管理合伙人的角度撰写了《把控律师事务所执业风险关键在于提高律师素质》的论文,以指导律师事务所在党的领导下完成新时期历史赋予的使命。

在任向东的事业格局里,过硬的政治素质既能为律所发展把关定向,还能有效防控执业风险,是团队建设工作的重中之重。支部日常运行中,任向东坚持工作原则,从建制度、抓管理、聚人心入手,认真贯彻无党员律师联络人委派制度,全面接受北京市朝阳区司法局党组、律师协会党委的领导,坚持规范化目标组建党小组,确保支部工作运转科学、推进有序。在他的主持之下,支部建立了"组织工作落实制度""组织工作检查制度"等多项制度措施,严格执行"三会一课"制度,定期组织专题理论学习与研讨,积极开展"两学一做"等主题活动,做到了学习系统化、教育经常化、提升全员化。

目前,在富程党支部里,全体党员严予律已,思想高度集中、统一,全面杜绝了无拘无束、信马由缰等不良习惯的滋生苗头、倾向,为富程律师事务所的发展奠定了坚实的政治基础。

精锐的业务团队

在任向东的政治素质、人格魅力、精湛业务的感召下,在所主任李吉伟的带领下,富程所不断迈向高手云集、人才济济的发展方向,富程律所捷报频传、声名不断扬远。

任向东坚持"德才兼备、以德为先"的用人原则,在富程律所得到了大家的认可,特别是律所主任的青睐,富程所已经树立了正确的用人、和业务导向。他要求富程律师一定要具备良好的道德素质和极强的职业操守,不为利所困、不为名所扰,忠实于法律和事实,不畏强暴、不惧权贵,坚决捍卫法律威严和当事人的合法权益;他要求富程律师一定要敬业勤勉、恪尽职守,想当事人之所想,急当事人之所急,全力以赴,勤奋工作,在法律允许的范围内尽最大努力为当事人提供法律帮助、争取最大限度的合法权益,以高质量的服务回报社会和回报委托人;他要求富程律师一定要廉洁奉公、修德养性,爱惜律师职业声誉,处处用律师职业道德规范和执业纪律严格要求自己,赢得社会各界广大人民群众信任;他要求富程律师一定要谦虚助人、诚信为本,对来访客、当事人要诚实守信,努力提高执业水平,为法治中国做出更新、更大贡献。

此外,北京市富程律师事务所还具有极强的专业化分工和团队化协作优势。作为富程的准入门槛,富程对于每一名合作的律师的专业化团队有着极高标准和极严要求,因此面对客户需求,富程总能够超前、全面把握和分析客户的背景与诉求,总能够选派最佳的律师人选承办委托事项,提供最为专业的法律服务。同时,富程所及合作的律师专业团队还打破了业界通常相对松散甚至单兵作战的惯常作法,真正做到了汇聚智慧、集中力量,将团队最大效能与业务优势发挥到每一个细节当中,为当事人提供最为精准的专业性法律服务。

为进一步强化团队的战斗力,任向东组织团队展开了常态性的业务学习和研讨,强化系统化的实践操作。律所和合作团队里的每一名律师既熟知法学基础知识和法律规范,又精通相关专业领域的知识,在实践真正做到了融会贯通、应用自如。为适应国际化发展需要,富程所主任李吉伟的外语是他的大学本科专业,任向东律师还积极为律师所创造条件,熟练掌握外语的专业律师合作打造丰富经济和科技知识的对外业务平台,富程所倾力培养律师的口头表达能力、缜密的逻辑思维、灵活的应变能力、健康的心理素质以及良好的人际交往能力,不遗余力地为法治中国培养栋梁之才。

如今,律所里精英荟萃,团队由业内资深的合伙人律师、专业的执业律师以及法学领域及政府机构某些专业领域专家组成,专业水平高、业务覆盖广。律所服务全面,团队始终专注于为公司企事业单位、社会团体及政府行政机关等机构客户和自然人提供专业权威、科学缜密和极富创造性的优化法律解决方案,特别是在银行金融、保险信托、房地产开发与建筑工程、影视、文化艺术、自然资源利用与保护、PPP项目等领域的法律服务均有许多脍炙人口的经典案例和上乘佳作。

党的十九大胜利召开,任向东心潮澎湃、备感振奋,心中已然勾画出了富程律所的发展新蓝图。他要在党的领导下,和律所主任共同带领富程律所在法治中国的建设道路上不忘初心、继续前进,为进一步提高民众的获得感和幸福感保驾护航!

从他的目光中,我们已经清晰地看到了辉煌的法治中国,已经清晰地倾听到了富程人的坚定足音。

从学生到优秀律师
——访安徽文理律师事务所优秀律师尚涛

尚涛,如今在安徽律师界已小有名气,凭着他对事业的追求和对客户的认真负责精神,认认真真地学习,兢兢业业地办案,终于完成了从学生到优秀律师的转变过程,从一个纯理论的新手练就成了一个客户信任、同事称赞的优秀律师,深得社会的肯定和同行的赞誉。最近,我们采访了他,深为他执着、敬业的精神和对客户负责的态度所感动,让我们走近他,探寻他的成长之路吧。

心中有梦

律师,在尚涛的心目中是个英雄,在法庭上的群雄激辩中,他们滔滔不绝,旁征博引,维护着当事人的合法权益,维护者国家法律的尊严;在法庭下,他们认真细致,寻找证据,调解纠纷,感情真挚。律师不仅维护弱者的合法权益,还是广大民众的代言人。律师已成为文明社会的象征,人权国度的保障,法治社会的重要标志。

律师,已成了尚涛幼小心目中的偶像,"长大了当一名律师,也维护国家法律尊严和社会公平、正义。"因而,他从小就对国家的法律产生了浓厚的兴趣。长大后,国家逐步完善法律、法规的事实使他充分地认识到:国家将全面推进依法治国,建设有中国特色的社会主义法治体系,建设社会主义法治国家,要求形成完备的法律规范体系、高效的法治实施体系、严密的法治监督体系、有力的法治保障体系。

在高考之后的报志愿时,他就有意识地报了法律专业。在学校时,他极有兴趣地学着有关法律的知识:《中外法律史》《宪法》《刑法》《刑事诉讼法》《民法》等,还要背诵一些拗口的法学术语。尽管枯燥，但他仍像吃着一道道美味佳肴，津津有味。四年的大学生活转瞬即逝，2014 年他安徽师范大学法学硕士毕业后，就在安徽文理律师事务所当了一名见习律师，做起了专业的法律工作者。

锤炼

尚涛做了律师，然而从学生到律师、从理论到实践的转变却是艰难的，尽管他对律师有浓厚的兴趣，工作起来特别积极，不懂就问，不会就学，但还是经历了一个艰苦的过程。

在做见习律师的时候，老师介绍给他了一个案件，以锻炼他为目的。当时这个案件的基础资料和证据很多，这就需要花费很多的时间与精力去研究和整理。其中涉及工程造价，就要委托经济机构进行预算，而且要和经济机构去沟通，当结果出来后，预算结果使很多人提出了异议，后来又重新选择了一个造价机构，才做出了合理的预算。在这个案件中尚涛遇到的最大困难就是与法院和造价机构的沟通，当时法官对自己的观点比较恪守，让他费了很大的精力与时间。

另一次，尚涛为自己的老师谢文婕做庭前资料准备，由于他经验不足，在资料中把数字搞错了，但在开庭的时候，谢文婕老师依靠自己多年的经验和敏捷的应变能力，把这个错误挽救回来了。事后尽管谢老师没责怪他，但他心里深深的自责，他深感细心的重要。从此，他不论整理文书材料，还是写答辩和代理意见，他都非常的认真。有时开庭可能就只有几个小时，而他却要花费数日去为这几小时做准备。

实践中他认识到：律师面对很多的材料与证据，一定要有一个全局性的掌控，任何的蛛丝马迹都有可能决定一个案件的结果，所以先入为主、想当然这些做法都是不允许出现在律师身上的。律师要用一个全方位的眼光把控案件整体的发展。在从事律师这三年中，尚涛很感激自己的恩师——谢文婕，正因为有了这样一位做事严谨、对人负责的老师，才让自己懂得了更多作为律师应具有的品质。

有老律师们的指导与帮助，再加上尚涛自己的实践探索，渐渐地，他的业务熟练了。

真诚相待

采访时,尚涛律师坦率地说:"只要当事人委托了我,就是一种信任、一种责任,我只有竭尽全力,才能上不愧于法,下不愧于当事人。"他是这样说的,也是这样做的。在处理一次离婚案件时,尚涛代理的是女方,因男方脾气不好,经常对她实施家暴,因而,女方要跟男方离婚。在开庭之前女方就跟尚涛说:"开完庭就把我送走,不能让男方接触到我,否则男方就会打我。"开完庭后,尚涛就带着女方准备离开,果然,男方跑出来把尚涛的车拦住,不让他们带女方走,当时现场一片混乱,男方就拖着女方不让走,差点就打到女方。情急之下,尚涛拨打了110,待警察赶到之后,尚涛他们才得以脱身。

2016年,尚涛代理了邮储银行某某市分行与×××、×××的借款合同纠纷案,就切实维护了邮储银行某某市分行的合法权益。

尚涛还代理了仇某某与广州某某网络科技有限公司网络服务合同纠纷案;邓某某与芜湖市经济技术开发区建设和公用事业管理处健康权纠纷案;吴某某与芜湖市某电力维修工程公司的触电人身损害责任纠纷等,都维护了当事人的合法权益和国家法律的尊严。即使办不了的案件他也尽可能地向对方进行法律解释,获得对方的理解。

在真诚为当事人代理案件的同事,尚涛还开通了微博,免费为人民群众进行法律咨询服务。

感受与展望

谈及三年的执业感受和体会,尚涛律师意味深长地说:"做律师这三年,改变了我内向的性格。过去我不擅长与人沟通,做律师后,常与当事人、法官接触,使得我的思维逻辑性有所提升。"

尚涛还动情地说,感谢恩师及同事们对他的帮助,同时感谢家人对自己的支持。他说:"刚开始从事律师时,收入是没有保障的,即便在这样的情形下,家人还是义无反顾地支持我去追求自己的梦想。"

谈及今后的规划和设想,尚涛说:"对于我来说,主要还是学习,学习国家新的法律、法规;学习同事们的办案经验与技巧。如今是改革、创新的时代,不学习就会被社会所淘汰。特别是国家主席习近平提出的"一带一路"倡议,尤其需要法律的保驾护航。我将尽力为更多的客户服务;还将进社区为居民进行法律宣传;为企业当好法律顾问,促进经济发展。"

他的信念是如此坚定,他的梦想是如此执着,他的脚步是如此踏实,他用智慧、坚持、善良为自己闯出了一片天,用自己的行动温暖着他的客户。

一个做好人的律师

——访浙江泽大律师事务所律师童彬超

　　无论从事哪个行业，但凡想做出一些成就，"踏实努力"都是必不可少的品质，"以法为生，为民发声"的律师群体更是如此，法庭上看似信手拈来滴水不漏的辩口利辞，背后隐匿的却是律师不眠不休地翻阅卷宗和不辞辛苦调查取证的身影。今天我们采访的这位律师就是这样一个人，他勤恳专注，信奉"客户利益无小事"，秉承对委托人认真负责的心态，尽心尽力地将参与的每一起案件都做到最好，用自己的专业和实力为越来越多的委托人带去法制上的援助和保护，他就是浙江泽大律师事务所律师——童彬超。

热爱法学，他走上律师之路

　　当童彬超还是一个高中生的时候，就对法学产生了浓厚的兴趣，所以报考大学志愿时一门心思想要报考中国政法大学。但考虑到离家较远，他就又改报了浙江大学。在浙江大学上学有一个传统，那就是新生一开始先学习文理科大类，再根据自己的兴趣细分专业。

　　童彬超被分到人文大类后，有一天碰巧去听了法学老师的课。在课堂上老师丰富的讲解和深厚的法学知识深深地吸引了他，内心渴望做一名律师的梦想再一次被点燃。于是在大学细分专业的时候，他毫不犹豫地选择了法学专业，开始用自己的行动和努力向法学这座高山进攀。

　　俗话说："热爱是最好的助推剂。"凭借着对法学的热爱，在别人眼里似乎枯燥无味的法学书籍,童彬超却视如珍宝,仔细研读,如同一棵急需成长的小树,努力从书本和老师的讲解中汲取营养。

大学四年匆匆而过,2011年童彬超大学毕业,带着沉甸甸的知识,他来到了浙江泽大律师事务所开始了法学实践的历练。在童彬超的实习律师过程中,他延续着大学里勤奋好学的习惯,不断向泽大律师事务所的前辈们学习。遇到疑问他乐于向老师咨询;工作中遇到困难时,他乐于向师傅讨教;生活中遇到障碍时,他喜欢和同事分享……"有志者,事竟成;苦心人,天不负"。童彬超专注拼搏的人生态度和不断提高的专业能力引起了当时泽大律师事务所领导们的注意,所以他很快就由实习律师转为律师助理,并在他拿到律师从业资格证书之后,正式踏上了律师这条披荆斩棘之路。

认真负责,他说要对得起委托人的信任

"万事开头难",虽然童彬超已经正式开始了律师的执业生涯,但跟其他律师一样,一开始并没有太多案源。童彬超就一边继续提升自己的专业素养,一边等待着机会施展才华。

有一天童彬超同律所的同事由于代理的案件较多,一时间忙不过来,就把一个需要出庭辩护的案件介绍给了童彬超,那是童彬超第一次以辩护律师的身份出现在法庭上。为了做到万无一失,在出庭前童彬超全身心地投入到研究案卷当中,与当事人做充分的沟通与交流。即便如此,对于第一次出庭辩护,童彬超还是显得分外紧张,生怕自己会遗漏要点。好在上天从来都不辜负充分做好准备的人,那一次的辩护非常成功,而童彬超的出色表现也同时获得了律所同事和委托人的高度肯定。

一个名律师是在做案件,一个优秀律师是在做服务,一个好律师是在做人。

而童彬超,就是朝着做人的好律师在努力,而且他要做好人。

作为一名主要从事刑事案件的律师,童彬超认为要想在荆棘丛生的刑事辩护中取得一定的成就,就一定要从认识论的角度去把握每一个案件的实质,认清案件背

后的暗物质、潜规则。

谈及他最难忘的一场刑事辩护案件时，童彬超回忆称："大约两年前，我接到了一起涉嫌故意杀人的案件，是当事人的姐姐经朋友介绍找到我，说弟弟涉嫌在酒后捅死被告的儿子，希望我能帮弟弟辩护争取免于死刑。我在接到这起案件的时候，先去看守所找当事人沟通了解案情。由于当事人年纪比较小，在沟通的过程中数次情绪崩溃，认为自己是不小心失手把对方杀死的，流露出万般悔恨与绝望。我先是安抚好当事人的情绪，给他信心与希望，从当事人方面了解到更多当时案情的现场情况。另一方面我又去仔细查看案卷及警方搜集到的物证和资料，发现这个案件存在着诸多疑点。在调取当时的监控摄像中可以模糊地看到除了当事人手里那把凶器之外，对方手中似乎也有一把凶器，这样就可以说明当事人并不是故意杀人，而是正当防卫。在发现了这一点后，历经将近十次的沟通和半年的时间，检察院也由最开始的不予采纳到最后的重新调查开庭重审，并最终改判当事人为死缓，为当事人争取到了一个比较公平的判决。"

虽然这起案件在童彬超代理过的案件当中不算案情最为重大的，但却在从业角度给童彬超很大的启发。刑事案件大多涉及人命，一定要用绝对认真负责的态度去对待每一起案件，用心、细心、全心地分析研究，精心制定具有建设性、可操作性的争议、纠纷预防方案，设计最适合客户的诉讼争议解决方案或办案方略，才能实现客户利益的最大化，为当事人争取到最为公平公正的判决，对得起委托人的信任。

化质疑为动力，他一路奋进

虽然童彬超从业时间并不是很长，但他却总以"行者"的身份来要求自己，尽心尽力勤勤恳恳地将参与的每一起案件都做到最好。即便如此，也会因为年轻受到来自当事人和同行的质疑。

很多当事人见到他的第一句话便是：你真年轻啊！每次遇到当事人这样说，他总是笑而不语。因为他知道作为一名律师，要想得到当事人的认可，只能凭借专业的法律功底和敬业的工作精神,而非年龄。

有一次在与一位王姓老板电话交流之后,王老板约定见面详谈。不出所料,初次见面的王老板也发出"你真年轻"的感叹,然后大大咧咧地称呼他为"小童"。听到这个称呼,他略有些尴尬,但仍然礼貌地咨询相关案情。听完王老板的陈述后,他简单扼要地分析了案情,并给出了有理有据的法律建议。听到有条不紊的分析、认真负责的建议,王老板顿时肃然起敬,改口称他为"童律师",敬佩之情溢于言表。在短短的5分钟内,王老板对他的态度和称呼来了个大转弯,不再因为年轻而对他的能力产生怀疑。

还有一次去外地办案,那起案件有很多被告,童彬超作为其中一名被告的律师。因为年轻,他遭到了另一名被告律师的质疑,问他了不了解案件。虽然童彬超在当时听到这些话后心里有些不舒服,但他明白对方这样说也是为了对案件负责。如果是跟一个不太专业的律师合作,有可能还会影响其他被告律师对这起案件所做的努力。面对着如此多的质疑,童彬超明白唯有不断提升自己的职业素养和专业能力,才能获得来自更多的同行和委托人的尊重与信任。

砥砺前行,他呼吁行业规范

在当代中国由人治向法治跨越的过程中,律师发挥着独特且不可替代的作用。但在律师从业人员日益增多,国家日渐重视的前提下,童彬超认为依旧有一些负面因素影响着这个行业的健康有序发展,如激烈的竞争、人际关系复杂化、执业的风险,包括跟其他司法机关的"微妙"关系等。

在聊到自己擅长的刑案辩护时,童彬超坦言,其实现在有相当大一部分律师不愿意接刑案辩护,除了薪酬不高之外,还要面临来自各方面的压力和危险。在办案过程中,律师应有的权力得不到保障,会见和阅卷都显得相当困难。并且童彬超还说到在目前我国的法治从业者中,还有一部分"黑律师"和有偿法律服务工作者,也给律师行业的常态发展造成了一定影响。"由于'黑律师'在法律专业知识上的缺失,在代理委托人的案件时,不能有效地保障委托人的合法权利,并最终使律师形象蒙受奇冤。"对于以上律师行业中的乱象,童彬超建议相关部门应该加强对法律服务工作者的规范和管理,并通过正面宣传和引导的方式,加强我国的法治环境建设,使律师在执业过程中,减少一些不必要的阻碍。

受人之托,忠人之事,虽然律师行业规范有待完善,但童彬超最后对笔者说道,在以后的从业过程中,他依旧会保持一颗坚定执着的心,在法律的权限内为委托人谋权利,为民发声,守护社会公平。

在采访童彬超的过程中,笔者无时无刻都能感受到他对律师这份职业的热爱和守卫法律的赤子之心,祝福童彬超能在以后的职业生涯中取得更大的成就,用法律的力量去维护更多人的合法权益!

热于助人的好律师

——访内蒙古瑞民律师事务所优秀律师王刚

王刚,因为父母从事法律方面的工作,从小便受到家庭的熏陶,对法律有兴趣、喜欢写作,高考考取了吉林大学法学专业,2011 年毕业,2013 年,取得了律师资格证,开始从事律师工作。因为其勤奋好学、雷厉风行的性格,实习期间受到了老师和律所主任的一致好评,也为其以后的职业发展打下了坚实的基础。几年来,王刚一直在关注弱势群体,经常为农民家庭提供法律援助。在 2015 年荣获市优秀法律工作者称号。如今,从业四年的他已经成长为一名成熟严谨的精英律师。

勤奋好学　有为青年

王刚毕业于吉林大学法学专业,因为家学渊源的关系,对于法律方面有超出常人的兴趣和天赋。毕业两年后,王刚便考取了律师资格证,这也是他步入法律工作的开始。在实习期间,王刚经历了一段大概半年时间的困难时期,因为实习律师是没有工资可拿的,只有不多的生活补助,但他凭借自己坚强的毅力挺了过来。

在实习期间,王刚主要工作便是协助老师写文书、整理材料。工作单调乏味,但王刚并没有烦躁,而是不断地向老师向所里的前辈们学习,自己也经常主动揽活干,一些杂活累活从不惜力。因为人年轻,加上又很勤快,老师和所里的前辈们对王刚的评价都很好。实习期间,王刚学到了很多东西,最为重要的便是从老师那里学到了严谨的工作作风。同时,他还时常去援助中心值班,帮助弱势群体进行法律援助,这也是他内心富有爱心和正义感的体现。他说,在实习期间,给自己感受最大的,便是很多农村人、贫穷的人对于法律了解很少,在他们的利益受到侵犯的时候,他们并不知道怎样寻求帮助。对于律师来说,给贫困者一些法律援助,是应该的,这是每一名有责任律师所应当肩负起的使命。

也是在实习期间,王刚凭借着丰富扎实的法律专业功底历练出了扎实的办案经验和技巧。

心存爱心　维护正义

作为一名年轻的律师,王刚也遇到过很多质疑,有些时候当事人对于法律的不理解给他的工作带来过困扰。但王刚每次都以超强的耐心和严谨的工作态度,为自己的当事人服务,尽自己最大的努力让他们满意。王刚如今已从事了 4 年律师工作,如果说最让其难忘的,还是一次办理法律援助的案件。

在这个案件中,王刚来回奔波了将近七个月的时间。这是一起交通事故案件。王刚的当事人在其法律援助之下,在法庭上,当场领到了四十多万元的赔偿款。而王刚从案件的立案、起诉到结案,一直都在忙碌着。忙碌着双方的沟通,忙碌着收集资料。他的当事人因为这场车祸,伤残六级;而当事人不过是一个农民,只因为看病便已经掏空了家里所有积蓄。基于此,王刚为他们进行了无偿的法律援助。就连平常打车吃饭的费用,都是王刚自己支出的。

在这个过程中,王刚不知道经历了多少个不眠之夜。甚至在开庭的前一夜,王刚整理资料一夜未眠,只为了给当事人争取到属于他的权益。等到王刚的当事人拿到赔偿款那一刻,王刚感觉到了满满的成就感。这几个月的付出终究得到了回报,王刚感到无比欣慰。王刚的当事人对于他的援助更是异常感激,并定制锦旗送给王刚。

对于社会上的弱势群体,王刚本能地肩负着一份责任。执业四年来,他始终坚信:"法律虽不能使人人平等,但是在法律面前人人是平等的。"在执业过程中,对于弱势群体他总是不计成本地给予最大限度的法律帮助。所以多年来他做得最多的,便是法律援助工作。

他还曾援助过一件单方交通事故导致对方死亡的案件。在案件的处理过程中，王刚搜集资料，积极地争取赔偿，和法官沟通，最终被告人被判处三个月的拘役。这个案件的当事人是一位河南人，在内蒙古打工。因为王刚的法律援助，让其非常感激，每年赶往内蒙古去看望王刚，成了他的必须。

王刚从事法律工作以来坚持以事实为依据、以法律为准绳的原则，不畏权势，刚正不阿，兢兢业业，最大限度地维护当事人的合法权益，赢得了当事人的尊重与信任，也赢得了相关法院、检察院工作人员的好评。

而且他一直热心从事于法律援助案件。先后援助过多名当事人，特别是在刑事案件中对可能判处死刑、无期徒刑等重大刑事案件的援助；除此之外，他还经常援助农民工，帮他们无偿处理薪酬纠纷问题。为此王刚常常往返于劳动局、土地局等多家机构。他的这种心存爱心、伸张正义的行为，受到多位当事人的好评，在业内年轻律师中有着较好的口碑，也让他在 2015 年获得市优秀法律工作者称号。

追求卓越　砥砺前行

王刚说，"对自己来说，从事这个行业最大的压力和成就都来自于当事人的满意程度。"为了追求更高的境界，也为了最大化地让客户满意，年轻的王刚从没有停下学习的脚步。在未来的规划中，他说，为了更好地工作，要把自己的学历再提高，脚踏实地地去学习法律相关知识，更好地丰富自己的学识。

在人们的印象中，律师大都西装革履、从容淡定，稳重有担当，做什么都不急不躁。而王刚却是一个例外。他性格刚强，有一种雷厉风行的工作作风，发现问题马上解决，绝不拖沓。这样的性格让其工作能力出众，尽管与成熟稳重并不矛盾，但有时可能会给人急功近利的感觉。好在王刚已经认识到自己这方面的不足，他也一直在学习和改进。因为他的沟通能力比较强，能够把当事人的意愿表达清晰，这也弥补了他稳重方面的缺憾。

作为一名年轻的律师，王刚从业以来，也遇到过各种困难。在刚入行的时候，案源非常少,他接手的案件大都是靠亲戚朋友介绍的,还有一部分是自己的老师交给自己的案子,所以他非常珍惜,努力办好。在此过程中,王刚凭借其专业的法律知识,以及攻坚克难的勇气,帮助他的当事人争取权益,取得了现在这样的成绩。当然在其从业过程中,也少不了贵人的扶持,王刚最感激的人,便是他的大学老师张晓玲。张老师不仅是大学老师,也是一名兼职律师,经常代理一些案件。张老师对王刚的工作规划和学习提升上给予了很多的帮助。王刚很多对于律师职业的理解,都受到了张老师潜移默化的影响,可谓是其人生的导师。就是现在王刚也和老师保持着联系,时常前去看望老师。

王刚虽然年轻,但从业也有几年时间了。在我们的采访中,他也给即将踏入律师行业的年轻人提了一些建议。他希望年轻人要脚踏实地地学习工作,借鉴前辈老师的经验,为国家的法制建设贡献力量。

王刚对于律师的知名度也有自己的看法。他说,找有名的大律师,当事人有这种想法很正常,这种行为也很普遍。因为大律师的人脉和能力确实不一般。但有些律师的知名度是靠媒体的包装取得的,这样从业水平就不好评估了。归根结底律师还是要看实力。自己现在最为重要的便是脚踏实地,不断进行学习和积累,只要能力上去了,这些自然而然就来了。

对于怎么看待律师这个职业,王刚说:律师是一个积极向上的职业,维护法制,伸张正义,对依法治国和社会的公平稳定具有重要的作用。

工作之余,王刚喜欢体育运动,喜欢那种大汗淋漓的感觉。不但锻炼了身体,还减轻了工作压力。

最后,王刚希望国家有关部门能够更多地关注律师这个职业,让律师的权益得到切实的履行。因为律师在实际办案过程中,一些权益并不能得到保证,比如,律师有权利查阅的资料,却被有关部门设置了门槛……

我们相信,在国家法制建设日益完善的今天,律师的工作环境会越来越好,王刚的希望也一定会早日实现。

敬业,是一种能力
——访云南煜扬律师事务所优秀律师王祥军

如果说,"敬业"是对工作的一种态度,或者说是工作时的一种境界,恐怕很多人都会对这句话表示认同。但如果说"敬业"是一种能力,有多少人能够真正理解其中的含义?

云南煜扬律师事务所律师王祥军,对律师这份职业充满了敬重和热爱。因为热爱,他确立了明确的职业目标,在工作和生活中严格规范自己的一言一行;尽管遇到过无数的艰辛与困难,但他始终持之以恒地付出。他热心公益,为民解难,不怕吃苦,只为了能够圆满达成当事人的愿望。他将事业融入生活,将生活献给事业,在不到五年的时间里,就成为被行业和社会认可的优秀律师。

年轻的律师王祥军,用自己的实际行动和成就向所有人证明:敬业不仅是一种工作态度,一种职业境界,也是事业成功者必备的能力!

因为热爱 所以专注

王祥军刚开始接触法律,就为之着迷,并深深地爱上了这个行业。

正是因为这份热爱,在大三的时候,王祥军就通过了国家法律职业资格证的考试,并以一名学生的身份在云南震序律师事务所进行实习。一年之后他顺利毕业,进入云南煜扬律师事务所成为一名真正的律师,从此拉开了自己事业的序幕。

但凡对律师这个行业有一点了解的人都知道,入行的新律师通常都会遇到一个最大的困难,那就是案源少,案源少也就意味着收入少。有人克服了,并从此走上真正的职业道路;有人无法克服,从此一蹶不振甚至被淘汰。王祥军显然是第一种人。

"那是一段艰难的岁月。"如今回忆起当时的情况,王祥军的声音里充满感慨,"我认真分析了自己的情况,决定多管齐下寻找案源,推广自己。"

王祥军认为,只有真正为当事人服务的律师才算得上是一名合格的律师。他经常问自己,如果你是当事人,你需要一个什么样的律师? 角色的变换给了他答案:认真、负责、真正为当事人考虑,并最终获得令当事人满意的结果。

因此,王祥军始终将认真、负责、精益求精当作自己的行事准则,面对每一件案子,无论大小,他都全身心投入。律师不是法官,也非法律,也许他代理的案件不是都能胜诉,但他的努力有目共睹,他的付出得到当事人肯定,不论结果如何,他曾经服务过的当事人,当自己身边的亲朋好友有需求时理所当然的便想到了他——这就是王祥军为提高自己的案源数量所做出的第一个努力!

"律师是一个专业性很强的职业,所以我认为律师应该有律师的专业形象。"王祥军认为一名律师从形象上必须给人以信任感。"不一定非要穿得多么高档,但干净利落是必须的,这其实是对自己职业的一种尊重。"除了在工作中始终保持专业形象之外,生活中的王祥军同样也给人专业的感觉,他时刻规范自己的一言一行,习惯用理性思维思考问题,处处体现自己作为一名律师的素养。他的专业形象令许多人折服,有任何法律方面的需要,立刻就会想到他。

"律师,实际上是一种服务于人的职业。"参加公益活动,是王祥军必不可少的社会活动之一。法律服务进社区、优秀律师值班法院咨询处,这样的公益性场合,常常能够看到他忙碌的身影。"我们为人们提供免费的法律咨询,也是对自己的一种宣传,这就像人与人之间的交往一样,一方是否尽心尽力,另一方是能够感觉出来的。任何人在选择代理律师的时候,肯定都会选择自己认为负责任有能力的。而且参加这些公益活动,能够接触各种各样的案例,对自己也是一种锻炼。"对事业的热爱,令王祥军比别人想得更多、更细,他总是不放过任何可能的机会锻炼自己、展示自己。当然,在通信技术发达的现在,王祥军也充分利用了网络的便捷,将自己最专业的一面展示在人们面前。

因为热爱,所以专注。自 2014 年正式执业至今,短短三年时间,王祥军通过自己的努力,顺利度过了对许多律师来说最为艰难的初级阶段,还成功地将自己提升为可以独当一面、受人尊敬的专业律师。

不忘初心

案源不用发愁了,新的问题又摆在了王祥军的面前。当他代理一个案件的时候,要如何才能办好? 当他同时代理几个案件的时候,要如何合理分配时间与精力?

面对这些问题,王祥军始终没有忘记自己的初心——尽心竭力为当事人服务。

在办理案件的过程中,无论难易,他都始终以最认真的态度来对待,仔细搜证、认真分析、多角度思考、敏捷思辨……对王祥军来说,每一个案件都是自己事业道路上的一个台阶,任何一个台阶搭建得不够结实,他的事业都不算真正成功。

王祥军曾经代理一起人身损害赔偿案,他的当事人因公受伤致残,老板却搬迁到别的地方逃避赔偿。他的当事人后半生生活不能自理,绝望之中找到王祥军。了解情况后,王祥军心中燃起熊熊烈火,决心为当事人讨回公道。他多方奔波,收集证据,写材料,寻找逃避责任的老板……此案件从他接手到最终法院审判结束,一共经历了九个多月时间,这九个月,为了不辜负当事人所托,王祥军几乎到了一种废寝忘食的地步。当他循着当事人原老板注册登记的新公司地址寻找,发现那只是个空壳公司,根本无实体存在;当法院发传票,该老板拒绝签收的时候,他寻求按照正常的法律程序公告送达;当判决结果出来,该老板拒绝执行的时候,他积极申请法院强制执行……无数心血与精力的付出,终于帮助当事人得偿所愿。他将赔偿款亲手送到当事人手里,得到了一句发自肺腑的"谢谢"。王祥军动情地说:"尽管很辛苦,但到了最后一刻,就会觉得一切都是值得的。"

除了诉讼业务之外,王祥军还经常到法院值班,为有法律需求的老百姓义务解说法律、解决心中疑惑。曾经有一个咨询人,被其他律师三言两语打发走之后,抱着试试看的心态找到王祥军。王祥军认真聆听对方的讲述,用专业的态度详细分析具体情况,然后给出了自己的专业意见。听完他的分析,咨询人豁然开朗,原本被敷衍对待而产生的绝望变为了希望,来的时候佝偻着身体,离开法院时昂首挺胸。"尽管我没有因此赚到一分钱,但心中的满足感是金钱无法替代的。"能够用自己的所学所长帮助其他人,是王祥军在压力巨大的律师行业中坚持下去的动力。

自执业以来,王祥军办理了多起合同纠纷(买卖合同、借款合同、融资租赁合同、租赁合同、特许经营合同等)、交通事故、损害赔偿、劳动争议、房产纠纷、侵犯商标专用权等民商事纠纷案件,获得当事人一致好评;为客户提供几百次法律咨询,起草、审查、修改近百份合同,代理大量案件,开展多项法律宣讲及宣传活动。

热心公益的他还代理了昆明市官渡区法律援助中心、云南大学法律援助工作站指派的法律援助案件;受官渡区司法局的指派,多次到官渡区人民法院、官渡区六甲街道办事处六甲社区开展现场法律宣传及咨询活动;多次接受云南法制报关于家庭暴力、失踪儿童、电信诈骗等主题的采访,结合实际具体分析并提出应对策略。

走专业化之路

随着依法治国力度的不断加大,社会对律师的要求越来越高,更加专业已经成为每一个律师的执业追求。

个人的力量和精力都是有限的,要想真正做到专业化,就必须依靠团队的力量。他目前所在的云南煜扬律师事务所已经先于同行开始了优秀团队的建设工作,王祥军有幸成为团队中的一员,并且作为优秀律师的代表,成为大家的楷模。

王祥军认为,一个团队想要变得更加优秀,需要注意几个方面。首先,团队成员必须做好吃苦的准备。"一个优秀的团队做事应该就像一个人在做事,必须有极高的凝聚力和配合度。律师是一份非常辛苦的工作,新入行的律师首先要有吃苦的觉悟,尤其在前期。团队也是这样,每个人擅长做不同的事,不同的人有不同的行事风格,团队成员的磨合需要时间,而且会遇到许多意想不到的困难,如果没有决心,是很难坚持下去的。"其次,团队必须找准一个专业方向。是主攻民事还是刑事?是选择诉讼业务还是非诉讼业务?"只有找准了方向,将整个团队的力量毫无保留地投入该领域,才能更加优秀,在竞争激烈的行业中处于领先地位。"

　　尽管正式入行只有三年时间，但王祥军已经为自己的事业做好了详细的规划。思路清晰、目标明确的王祥军将抓住一切机会锻炼自己，融入团队，为能够成为一名优秀专业律师而不懈奋斗。

　　敬业，是否真的是一种助人成功的能力？相信在了解王祥军的经历之后，每个人在心中都有了答案。

做最专业的维权律师

——访广东华途律师事务所高级合伙人冼武杰

丰富的工作经历

与其他的成功人士不同，沈武杰的成长历程并没有面对选择时的被逼无奈，也没有一路走来时遇到的种种挫折与不幸。他一直在脚踏实地做着自己该做的事，力争做到尽善尽美。就像他说的：对于一名律师而言，其最根本的核心竞争力，就是你的专业水平。所以，我们在了解沈武杰的故事时，最值得我们学习的，不是所谓的坚忍不拔的品质，也不是让人津津乐道的成功史，而是他的钻研精神，与对献身法律事业的坚定信念和执着追求。

1998年，沈武杰从中国政法大学毕业，身为法律系学子的他，决心要献身法律事业，当一名冲锋一线、维护人民利益的律师。所以第二年，也就是1999年，他顺利地取得了律师资格，并于2000年开始在广东华途律师事务所执业，现已成为广东华途律师事务所高级合伙人。

在谈起自己的这段经历时，冼武杰轻轻地笑道："我从事律师职业并没有受到家庭的影响，全是我自己拿的主意。因为我是学律师专业的，自然而然就走上了这条道路。一方面是想让自己有一个稳定的收入，另一方面也是想为中国法制社会的建设贡献自己的绵薄力量，促进社会和谐。"他是一个十分真诚的人，所以在回答这样的问题时，也不喜欢做过多的修饰，实事求是他做人的准则之一，也是身为一名律师，所必须要具备的品质。

而在回忆自己办理过的案件时，冼武杰同样是感慨良多。因为他并不是一位刚刚步入实习岗位的年轻律师,所以他经历过更多的风浪,也处理过形形色色的案件。不同的案件在让他积累经验的同时,也在不断地提升着他的能力。

有一起加班费的案件,一方是辞职了的员工,另一方则是公司的法人代表,且该公司之前有过败诉的经历。面对着激烈的矛盾冲突与当事人的信任,冼武杰感受到了巨大的压力。他心里清楚,如果他在这种不利的条件下,赢得了这次诉讼案件的胜利,对他的自身和律师事务所来说,都是一次最好的宣传。反过来,若是失败了,对他们的负面影响同样也是不言而喻的。

冼武杰只好化压力为动力,了解案件的详细经过之后,他表现出了一位有着丰富办案经验的律师本色。首先,他没有忙着着手准备材料,而是认真分析了公司上次的败诉原因,然后就是站在裁判者的角度去考虑问题,所谓"知己知彼,才能百战不殆"。在具备这些条件之后,他才开始着手去探寻案件的核心,然后根据裁判者的性格去寻找突破口,搜集了大量的资料与证据。终于在最后取得了这次案件的胜利。

与之相似的还有另外一起劳动纠纷,员工因为休假时间过久,被公司辞退了。这位员工一气之下,将自己所在的公司告上了法庭。公司的代理人便通过朋友找到了冼武杰,想要让他帮忙打赢这场官司。当然,这并不是嘴上说的那么简单。因为员工手中持有卫生所提供的病例证明。能否赢得这场官司,关键是在于能否确定病例的真实性。

为此,冼武杰根据病例上提供的地址,找到了一所位于偏僻乡下的卫生所。没想到卫生所并不配合,拒绝承认自己开过相关的证明。无奈之下,冼武杰只好离去。但是冼武杰并没有想过放弃,因为这关系到官司的胜负,所以几天之后,他又来到了这家卫生所。但是依然无法改变结局,他再一次被拒绝了。可越是这样,冼武杰越是怀疑证明的真实性。于是第三次,他又来到了卫生所。这一次他对卫生所负责人表明了态度:你若一直不肯配合,我就会一直过来找你,直到弄清楚事情的真相为止。

卫生所实在是耐不住冼武杰的软磨硬泡,终于答应了冼武杰的要求,开具了证明:这位员工的病例证明是伪造的。就这样,案件彻底向冼武杰倾斜过来,加之他的努力,最终为这家公司打赢了官司,为他们维护了利益。

由此可以见得,作为一名律师,一定要明白自己肩上所背负的责任,并且有足够的耐心与"刨根问底"的执着探究精神,否则是很难在这个领域占有一席之地的。

专业才是核心竞争力

经历过以上的一些案件之后,冼武杰越发意识到专业水平的重要性。在他看来,口碑才是最好的宣传,专业才是核心竞争力。作为一名职业律师,所有的广告与包装都是不切实际的。即便是通过这些手段让一些当事人找到了你,可是最终无法达到他们的预期,同样还是无济于事。而且最重要的,你辜负的不仅仅只是信任,失去的也不仅仅只是对外的名声,还要承受良心的谴责。

所以,冼武杰把全部的精力都投入到了提高自身专业能力之上了。在这几年之中,他从一个普通的律师成为广东华途律师事务所高级合伙人、劳动法律事务部负责人。凭借着自己在劳动纠纷案件上所取得的成绩,他成为深圳市劳动人事仲裁委员会兼职仲裁员,并两度获得"深圳市劳动人事仲裁委员会优秀兼职仲裁员"的光荣称号。

冼武杰还时常会做一些关于法律的讲座,主要是针对各公司的 HR,帮助他们防患未然,以及在出现纠纷时如何更行之有效的维护自己公司的利益。虽然这一切都很辛苦,但是每当想起大家的支持与良好反响之后,他就会觉得,这一切的付出都是值得的。

在取得这些成就的同时,冼武杰仍在向着更高的目标与追求前进着。与此同时,他也对"后来人"寄予了厚望。他觉得,刚刚从业的年轻律师是十分艰难的,会感到迷茫,也会面对很多诱惑,这是对年轻律师最大的考验。但是不管怎样,一定要坚持下来。通过多方途径增强自身能力、积攒经验。自己变得更加专业了,才能有更大的市场,才能更好地把自己推销出去,成就自己的同时,也为更多的人维护了利益。

这是冼武杰发自内心的真诚建议,因为他很期望自己律师事务所的年轻律师可以更快、更好地成长起来。做好了这些,他才能组建一支更加专业、也更加优秀的律师团队。

成功的路上没有捷径可走,那些表面上光鲜亮丽的人,在他们的背后,是超出常人十倍的努力与付出。只有不断地钻研自己的专业,不断地提升与完善自己,才能无懈可击。我想,这对年轻律师而言,是金玉良言,对于其他刚刚从业的年轻人而言,亦是如此。

工作之外的幸福生活

其实工作之外的冼武杰与平时是完全不一样的。生活中的他虽然没有什么特别的爱好,但是却非常幽默风趣,并且十分乐观健谈。他坦言自己从小就没有想过要当什么班干部,也没想过自己要成为什么三好学生。同样的,长大之后的他也没有什么具体的职业规划,更没有考虑过自己要成为一个什么样的人,自己的事业又要达到怎样的一个高度。用心做好眼前的每一件事,活好当下,于他来说就是最好的生活方式了。

而对待家庭,冼武杰可谓是一个"全职老公"兼"模范父亲"。他经常会帮助妻子做一些家务,比如洗碗、打扫卫生等。他还开玩笑说自己想过要独揽家里的"财政大权",但是这些都被老婆无情地掐断了。不光如此,他还经常会和孩子一起玩,无论平时有多么繁忙,都要抽出一部分时间陪陪自己的孩子。或许在他的眼里,家庭就是他劳累工作之余最好的休憩地吧。

会生活的人才能更好地放松自己,以便于有更多的精力投入到工作之中,也只有这样,才能拥有更高的品味,活出属于自己的幸福感。每一个人都是立体的,每一个人,也都在以自己的方式看待着这个世界。冼武杰,他既是一位穿着庄严的服装在法庭之上滔滔不绝为当事人维护利益、为社会伸张正义的律师,也是一位深爱着妻子和孩子的男人。可能他并没有想过要创立一番让人敬仰的事业,也没有想过要成为一位手持利剑的英雄,但他的确在为"让中国的法制社会更加美好"的愿景上添枝加叶。真心对像他这样的法律工作者们说一声"谢谢"。

十年磨一剑　铸就律师梦
——访湖北尊而光律师事务所律师熊高杰

律师，是一个神圣的称谓，是一个让人尊敬的群体，多少人为了它而辛勤耕耘，多少人为了它而挑灯夜读。律师是存在于当今社会里公平和正义的代名词，时刻保持着道德与法之间的平衡。

对于一个敢于仗义执言、追求正义和真理、置名利于度外的律师来说，这一职业不仅意味着荣耀，而更多的是艰辛、压力甚至是风险。

当律师，为圆儿时梦

熊高杰律师，是个地地道道的80后，但却看不出半点"80后标签"的痕迹，相反的是他积极努力，乐观向上，为了自己的律师梦不断地努力拼搏。

"我是小时候看了港剧《状元宋世杰》，觉得宋世杰在公堂上一张嘴就战无不胜，很威风。"渐渐地，熊高杰律师心里便种下了一颗当律师的种子。在他心里律师是神圣的，可以帮助弱势群体，为他们维护权益。扶危济困，仗义执言。"我最大的愿望就是十年之内成为一流的律师。"熊高杰律师态度笃定地一边跟笔者叙述，一边憧憬着美好的未来。

大学时期曾经是理科生的熊高杰，在大二的时候毅然决然地放弃了原有的专业，选择了法律专业重新开始了学习生涯。学生时代的他学习成绩优异，虽然对于法学属于"半路出家"，但是成绩在班级里却一直名列前茅，曾经多次获得优秀学生的称号。读大三时就已经考下了法律职业资格证书，大四的毕业论文更是被评为"优秀毕业论文"。

虽然大学学的是法律专业,但是毕业以后的熊高杰并没有从事跟法律相关的工作,而是选择了保险、金融等热门的行业。在太平洋保险公司做业务员的时候,熊高杰对待工作认真负责、一丝不苟,还获得过业绩前三甲的好成绩,但是时间久了以后,他发现目前的工作不是自己理想中的样子,不是自己想要的生活。律师的梦想一直萦绕在心头,于是熊高杰在工作一段时间以后决定辞职,重新选择跟法律专业相关的工作,他首先想到的就是律师。

"我记得上学的时候,老师说律师这个行业刚开始几年还是比较艰难的,老师的话也是我为什么毕业以后没有直接从事律师行业的原因。"熊高杰解释说,他想通过另外一种方式先历练一下自己,积累社会经验,对法律行业有更深入的认识之后再做律师可能会更好一点。有了这个想法的他决定出去闯一闯,先见识别的行业是什么样的,直到后来对律师行业的喜欢已经超过了对任何其他事情的憧憬,于是沉淀已久的熊高杰,捡起了自己的专业方向。

初出茅庐,学习为主

"虽然我是学法律专业,但是因为没有工作经验,所以刚进律所时主要以学习为主。"熊高杰律师谈到选择自己喜欢的工作时说,不后悔选择从头再来,既然喜欢再苦再累都值得坚持。人的一生有很多事情值得去坚持,但是大家能一直坚持做一件事情却很困难。刚进律所时,由于长相年轻没有经验,很少会有当事人找他代理案件,而那时的熊高杰律师也打算给自己两年的时间作为缓冲期。

当时的尊而光律所由于正处于创业初期,所以为了律所能更快地走上正轨,律所采用公司化的运作方式,比较规范的销售流程,较为严格的管理方法,很快律所有了质的提升。一段时间之后,案源紧张的问题就解决了,正所谓"酒香不怕巷子深"。而对于刚转行的熊高杰律师来说,并没有因为自己是名校法律专业出身就摆出孤傲的姿态,相反他谦虚学习,甘愿从底层做起,帮助前辈做一些辅助性工作,整理案件材料等。正是因为熊高杰律师做事的态度严谨，工作兢兢业业，遇到困难积极主动解决，在实习律师期间就得到了律所领导和同事的一致好评。

"我还是比较幸运的，当律师的第一年手里的案源就有七八个了，解决基本生活开销是没有问题的。"律所的快速发展让熊高杰律师对自己的未来更是充满了信心，很快就渡过了艰难期。但是万事开头难，2012 年，熊高杰律师在律所其他老师的指导下接手了人生中的第一个案件——离婚案件。由于接手案件时，在当事人眼里他仅是个初出茅庐的小伙子丝毫没有社会经验。为了留住这个案源，熊高杰律师使出浑身解数，详细地为当事人分析年轻律师办理案件的优势，时间自由、执行力强、做事认真负责，最后当事人被他的真诚所打动，决定让熊高杰律师接手自己的离婚案件。

如今已有五年专职律师工作经验的熊高杰，依旧坚持爱学习、好读书的习惯。目前，他是律所里所剩无几的第一批入职的律师，为了能尽快跟上律所发展的步伐，也为了自己将来更好地带领团队，他坚持报考 MBA。他清晰地知道自己的未来在哪里，并且不断向这个目标迈步前进。现在，他既担任律所客户部的负责人，又要做很多管理上的工作。因为法律本身具有专业的严谨性，所以认真的熊高杰律师对自己管理能力的要求也颇高。报考 MBA 不仅仅是因为工作的需要，而是对自己能力的升华。

冷静办案，淡定从容

"回首这五年走过的律师路，除了让我明白社会上依旧有不公平的事情存在外，还有就是学会站在当事人的角度思考问题，以求更真实的结果。"就像柴静在《看见》里写的一句话"事实要求的是公平、准确、平衡，这些原则有时候跟人性当中一些蒙昧的本能是相抵触的。"人总是习惯性地掩盖那些对自己不利的事情，而律师需要做的恰恰是与"自私"、"自利"、"不堪"等不文明行为进行对决，以求人性光辉的放大，从而减少社会不公平事情的发生，实现律师存在的价值。

迄今为止，熊高杰律师从事法律实务工作多年，办理多起合同、医疗、房产、劳动、债权债务等案件，并专注于医疗纠纷、合同纠纷类的案件。在处理医疗纠纷案件时,熊高杰律师需要经常出入医院,复印封存病历、听证鉴定、尸检,所以跟医院打交道的次数也比较多。起初,熊高杰律师的心里还是比较复杂的,有些死者家属不愿面对尸检时,就需要自己代替他们去面对这个场面。现场的冲击力,对没有经历过死亡的平常人来说难以接受,但是在熊高杰律师心里,一切的困难与努力都是为了办理案件,为解救生命于水火中的正常需求。

为了更好地帮助他人,熊高杰律师会经常去社区免费做法律咨询、调解等便民服务。有一次在咨询的过程中有一件案件给他留下了深刻的印象,案情的过程是这样的:一位在工作中受伤的工人来咨询工伤问题,本来他已经做了工伤鉴定,也认定了是工伤,但是不知道接下来如何处理。加上公司不愿意理赔,让这位工人耿耿于怀,于是想找熊高杰律师的团队做律师代理。而熊高杰律师并没有直接接受,而是给出了自己的专业建议并帮助工人列明赔偿清单、指导他与公司进行沟通协商,后来才让这件事情得到了很好地解决。

工作数年,路已走得很远,但需始终记得自己为什么而出发。我们要保持和拥有比竞争对手更多的优势,就必须每天问一问自己:"你今天学习了吗?"是的,唯有不断学习,努力提升自己,增强业务能力,才能适应形势的发展和社会的需求。热衷拉关系、搞人情、不注重自身业务素质提高的律师,必将被社会所淘汰。熊高杰律师给自己定了一个十年目标,希望十年后成为一名一流的律师。

目标远大、任重道远,千里之行,始于足下,踏踏实实地做人,认认真真地做事,终不负律师梦想,放飞理想,扬帆起航,才能拥抱无限希望,抵达诗和远方。

梦想,在维护司法公正中实现

——访浙江海册律师事务所专职律师许雨佳

大家公认,社会上有几种职业是有年长优势的,比如医师、律师、教师。也许个别的会有误差,但不可否认,阅历和经验在这几个行业中,显得是那么重要。年长与年幼,常常成为消费者或者当事人选择的重要依据。然而我们也渐渐地意识到,现今的趋势已经越来越少地凭年龄和关系论资排辈,而是更看重能力的展现。随着网络的飞速发展,知识的储备和积累,对新兴事物的了解和关注正在成为更重要的优势。青年有为,同样可以拥有自己的一番天地。

今天我们要介绍的主人公,由于小时候受电视剧的影响,对律师职业产生了憧憬和向往,从而一步一步地去接近自己的目标,把梦想变成现实,并一直走在法律之路上。

他,就是浙江海册律师事务所专职律师许雨佳。

许雨佳于 2012 年 6 月毕业,至今在法律领域从业五年。他很谦虚地表示自己还在入行的初级阶段,仍在努力学习和充实自己。然而通过采访,我们了解到了这个低调律师的独特风采。

首战告捷,好的起点和开端

许雨佳说,从事律师行业,年龄依旧是一道坎。尤其刚从学校步入社会,那种想一展拳脚,跃跃欲试的心会受到一些挫折,而其中最大的问题之一就是案源。凭你有再多的知识,如果没有阵地去操练,那也不过是纸上谈兵。不知道自己的真实水平,尤其是无法体会那种剑拔弩张的现场对阵,不知道那种"舌尖"和思维的电光火石闪念间的碰撞,自己和别人相比,尤其是和有更丰富经验的人相比,到底差距在哪里。

案源不会主动上门,这是一个酒香也怕巷子深的时代。许雨佳说这时候法律思维和普通人思维的差别让他受益。"发现问题、分析原因、寻找出路、解决问题。"他加入了一个团体:法律援助志愿者。那些自身没有能力聘请律师的当事人,为维护他们应有的权益,由国家出资帮他们来请律师。尽管相对于当事人的私人委托,国家出的聘金很少,但许雨佳依旧感到很高兴,终于有了实兵演练的战场。不久之后他就独立出庭了,作为一起故意伤人刑事案件的被告律师,开始了第一次的职业生涯实战。

初次接触时,当事人的精神状态绝望沮丧,对生活几乎完全丧失了信心,消极且不配合,这无疑给本身就难度极大的辩护工作又增加了困难。许雨佳回忆,为了和当事人之间建立信任,能够好好沟通和配合,他回去反复分析案件并研究当事人的心理。通过大量的准备和不懈的努力,他让当事人看到了他作为一个法援律师,做得比一些当事人自己聘请的律师还要尽职尽责。许雨佳帮助当事人唤起对美好生活的向往和意义,最终他得到了当事人以及家人的一致认可,案件审理的结果也是能争取到的范围内的最好结果。案件回访,当事人和他的家人都对许雨佳表达了深深的感激和敬意。

许雨佳说,法律援助案件就是自己职业生涯的起点,自己会一直做下去。在一些人看来,法律援助案件相对好做,因为都是出于当事人自己没有能力聘请律师,或者是当事人已经准备接受了任何的结果,所以律师做成什么样,相较于私人聘请,都不会有太多的指责和压力。因为法律援助律师,有了总比没有好,至于真正能发挥出多大的效力,不要抱太大的希望,这是很多人都普遍认为的现状。但许雨佳从来不这么认为,每一个案件如果是由自己接手,他就会做到一切为当事人的利益着想,忠于当事人,尽一切努力在法律条款的范围内保障和为当事人争取到最大的属于他们的权利,是全力以赴而不是差不多。正是由于从来不放松对自己的鞭策和要求,使得许雨佳在很多人看来会觉得有点傻。但许雨佳自己知道,他所做的一切都源于自己对律师行业的执着和热爱。维护好委托自己的当事人的权益,就是他要努力的方向。

接下来,刑事案件中难办的案件,如毒品、伤害、诈骗等,许雨佳均有办理,并都取得了最好结果。他说越是困难和挑战,越要迎难而上,因为困难对所有人都是困难,然而一味地逃避和规避,就永远得不到锻炼。看过再多的卷宗和案例分析,如果不是自己的真实经历,过后也会忘记。只有通过自己实战的积累,才能获得经验和收获。而在一个又一个案件的辩护过程中,也为自己树起了口碑。归根结底,受益的也是自己。

准备充足,以不变应万变

谈及每一次辩护的准备,许雨佳表示,我们看到的庭审现场的短兵相接,唇枪舌剑,其实都是庭审之外准备的呈现和较量。每次他自己的准备都要细致再细致。在提纲的基础上,自己还会模拟和想象很多庭审现场可能出现的状况,很多时候他会从对方的角度出发,想象对方可能提出的"刁难"点,这些在他看来就是自己在做准备的时候需要更多下功夫,想好应对策略的地方。

许雨佳深有体会地说,社会和学校真的是不同的,从学生思维到一名真正的律师思维的转变需要一个过程。将理论应用于实践也需要自己的悟和好师傅的引领。他说自己从学生,到实习律师再到职业律师的转变过程中,就非常感谢自己的指导引路人陈律师,是在他的引领和不吝赐教的分享下,他才能迅速地做好调整和转变。他至今仍记忆犹新的场景是面试的时候陈律师的一席话,"律师行业是一个非常有前景的行业。""律师首先要懂得并学会控制自身的风险,才能帮当事人控制风险。"这些话虽简单,却是他从业以来的行动准则和警示语。当面见当事人的时候,有时候面对当事人的一些需求,虽然很小如传话、带纸条、抽烟请求等,他都会严格提醒自己,一切照章办事,不能逾越律师的界限。不能因为一刻的放松警惕就埋下可能犯错的隐患,因为保不准你带出的话或字条里就隐藏着一些暗语,会影响案件的走向。之所以提到这些,是因为许雨佳想对以后更多走到此领域的年轻同行再互勉一下,在维护当事人合法权益的同时,一定也要好好地保护自己。

学无止境。许雨佳说,当没有接手案件的时候,更不能让自己闲下来。一定要趁此时间为自己多补充知识和充电。对他来说,他不想把自己单单只限定在一类案件之中。他说一个律师,对法律的了解和掌握,不能单一,而是要与时俱进地全面关注和补充。专一的领域在他看来还不够专业,全面才是最理想的专业状态。但他也知道"法海"的学习也是无涯的,需要继续努力,不能自满。

每个当事人首先都是人,都有人权

许雨佳说,面对一个案件,好人和坏人是从道德的角度出发,普通大众会给的评判。但律师的行业决定了,他需要用法律思维和角度去审视案件,无论是接受被告还是原告的委托,律师都要摆正自己的位置,那就是为自己的当事人辩护并争取到最大的合法权益。哪怕你的委托方是重大刑事案件的被告,在外界看来罪大恶极,十恶不赦。

律师要首先摆正他是一个人,同样拥有人权,需要律师的维护。然后再开始去和自己的当事人建立联系,取得彼此的信任,达成一致的方向。正如前文中所提到的,这五年的案件受理中,许雨佳曾经为故意伤害案的被告、贩毒团伙的第一被告、涉及重大诈骗案的被告做过辩护。在每个案件的处理过程中,庭审现场都会有另一方,受害人阵营的指责、质疑甚至谩骂。但他会正确看待每个人不同的立场,理解每一方的心情和出发点,但同时会告诉自己保持理性,从专业的角度去对待自己面临的一切。正是这样的专业敬业,使得他能够在即使气氛很压抑的现场也能够从容应对,做好自己该做的事情,对得起自己的职责。他说"忠于自己的当事人"就是自己身为职业律师的信念。同时许雨佳还不忘提醒自己控制和防范自身职业所存在的风险,随时不忘警醒自己头上悬着的一柄柄利剑。

选择一条自己儿时就认定的路,是一种幸福,但同时也有需要排除的一些困难。就像毕业后,许雨佳也曾因为家人坚持建议他考公务员而和父母产生了分歧。最终,他选择自己最想走的一条路,也通过自己的努力做出成绩,让父母看到了坚持的成果和意义。

　　如今,他已经得到了家人的理解和支持。谈及目前,虽然还不是很稳定,但许雨佳表示自己始终有坚定的信心和信念。他分享了自己的一些业余爱好也是属于他自己的解压方式,交友、登山、听音乐,他说人一定要懂生活爱生活。他把律师始终看作是一个助人的事业,致力于维护好每个当事人应有的权益。他说他会一直秉持初心,通过更多的积累,在律师界树立起自己的品牌和形象,不忘初心,砥砺前行。

坚守初心　逐梦前行

——访江西优秀律师、江西仰景律师事务所创始合伙人阎庆

　　沉着、低调、谦和、有耐心是阎庆给我们的第一印象。这或许与他的工作经历和执业生涯有关,长年与案件打交道,他极少接受媒体的采访。和他短短的交流中,倍感舒畅和愉悦,不仅让我们开拓了人生的视野,增长了人生的见地。同时,我们也能够从中感受到他对法律的热爱和作为律师的情怀,他一直在坚守初心的同时,追梦前行着。

机缘巧合　邂逅法律

　　出生于 20 个世纪的阎庆,现年已有 40 岁有余,自 1996 年以来,一直坚定不移地从事法律行业,并专注法律的学习。2007 年,继续深造的阎庆从中国政法大学毕业,此时的阎庆已是一名出色的律师,处理过无数个刑事方面的案件。长达 20 年的法律从业经验,让阎庆浑身都散发着沉着冷静的气息,这也是很多人身上所不具备的特质。

　　从事律师行业二十余年来,不变的是阎庆的初心,他始终怀揣着对法律的热爱与热情。二十余年来,他不断跟着前辈做案件,积极积累诉讼经验,逐渐锻炼出独立分析力和庭审对抗能力,也越来越明确自己对法律的钟爱,这是他要为之奋斗一生的事业。谈及钟爱的缘由,阎庆思索了一会儿,用饱含沧桑的声音回答着,尽管已经过去了这么久,但是我始终记得最开始踏入法律行业时,自己对法律的热爱,通宵达旦看案例从未觉得疲惫,那种激情始终在我心中流淌,支持着我坚持从事法律行业。也正是因为我对法律的热爱,才能够坚持这么久,兴趣真的是最好的老师。年少时并

不懂得人生的经营,只是一味地依靠着喜好去做自己喜欢做的事情,长久地坚持下来以后,忽然发现法律已经根深蒂固地融入了自己的生命中。这就是阎庆与法律的不解之缘,没有刻意为之,却深深刻在生命中。

除了对法律的热爱之外,在律师专业方面,阎庆也有自己独到的见解。他认为,律师的做法既要符合当事人的诉求,保证庭审的顺利进行,又要让法官在量刑时充分考虑律师的意见,达到为当事人更好地辩护的效果。这种综合判断和分寸把握不是一朝一夕的功夫。阎庆认为,从事律师职业学海无涯,办理任何一个案件都是一个学习、锻炼、提升的过程。佣金多少并不是律师是否接受案件代理的绝对标准,对于律师来说,法律知识和人际交往等方面阅历的提升是至关重要的,提升个人分析能力和把控能力,是阎庆一直追求的目标。当被问到作为一名资深律师,在执业过程中最重要的是什么时,阎庆毫不犹豫地说,对当事人负责,真心实意对待当事人。有时案件结果并不是律师能完全掌控的,但办理过程一定要认真、用心、踏实、讲求方法。作为律师,要尊重事实、依据法律为当事人解决问题,决不能够做违背法律和事实的事。如果离开法律和事实,就失去了律师办案的根基。阎庆认为,这点对律师很重要,是律师安身立命的根本。也正是这样的想法,使阎庆能够在律师行业稳扎稳打这么多年。

忠于梦想　热爱法律

从业二十余年以来,阎庆经手过无数案件,刑事案件是他比较擅长的领域,但是其他方面的案件他也有涉及过。令他印象最深刻的案件是 2016 年处理过的一个涉外案件,当时的阎庆正在休假,忽然接到朋友的电话,说是请他帮忙处理一个案件,阎庆二话不说就赶紧去帮忙。整个案件发生的过程是,外籍老师在校园中骑电动车时不小心撞倒了一名学生,学生的伤势比较严重。双方僵持不下,当事人也不知道以什么办法来维护自己的权益,最后想到了请律师。这起案件关于国与国之间的关系,本身就是一个比较棘手的事情。但作为一名具有深厚的法学理论功底和丰富的诉讼经验，并对中国司法审判程序有着深入理解，能够准确把握案件走向，具有丰富的诉讼业务经验的律师，阎庆在整个案件的处理中游刃有余。经过与双方多次协调，并依据我国法律来维护当事人的权益，最终以当事人得到相应的赔偿而结束。这次的案件处理也是阎庆职业生涯中比较特别的一个案件，从各个方面说明了阎庆是一名优秀的律师。阎庆的律师业务领域涉及刑事辩护、日常法律顾问、民商事诉讼与仲裁、投融资、资产并购、资产管理等。

作为一名 70 后律师，阎庆深知后起之秀很多，只有不断学习，才能站稳自己的脚跟。毕竟，社会很现实，只有能者强者可以上，弱者就会被淘汰下来。另外，虽然江西很小，但关系网却异常复杂，懂得平衡处理案件当中的各种关系和信息是每个律师首先要掌握的能力，所以多年来阎庆从未放弃过学习，一直在努力提升自己。业余时间通读各方面的案例，从中学习前辈们的从业经验，来丰富自己的阅历。"学而不思则罔，思而不学则殆"。博学多才、勤学奋发的阎庆一直坚持不懈地努力着，奋斗着。

不同于大部分普通的律师，阎庆一直都是一名怀揣梦想的优秀律师，他并不局限于自己目前的成就，他想要让自己有更好的发展，想要拥有一份属于自己的事业。已过而立之年的阎庆，早已不是年少无知的懵懂少年，成熟稳重的阎庆考虑事情非常周到，做事情也特别条理性。深思熟虑之后，阎庆决定和朋友一起开一家律师事务所。梦想一点点地冉冉升起，这时的阎庆仿佛看到了那个闪闪发光的自己。和朋友经过了一段时间的筹备之后，在 2016 年底，江西仰景律师事务所正式成立了，作为江西仰景律师事务所创始合伙人之一的阎庆出任律所的主任律师。不得不承认，阎庆不仅是一名优秀的律师，更是一位出色的律所管理者。作为江西仰景律师事务所的合伙人，阎庆认为，事务所不能盲目求大，进来的每一位律师都要认同事务所的文化，与律所发展有着相同的价值观和理念。根据江西仰景律师事务所的发展规划，阎庆花费了大量精力积极吸收人才，吸引了一大批志同道合的律师加盟律所。每一个进入事务所的律师，阎庆都要与其反复交流沟通，多方考察其政治素质、业务能力、合作精神，确保引进的每一个人都能符合律师事务所的理念。律所成立至今，已经有一年的时间，在阎庆的带领下，律所一直在不断壮大，现已经拥有 8 名全职律师。

壮大律所 热心公益

随着社会的发展,公民的法律意识越来越强,人们在遇到问题时首先想到的就是通过法律渠道来解决,阎庆如是说。这也是他成立律师事务所的初衷,独具眼光的他认为这是目前国家的一个趋势,未来会有很大的发展空间。作为一个刚成立不久的律师事务所,阎庆认为现阶段要逐步扩大律所的知名度,打造律所的品牌,让更多的人了解到江西仰景律师事务所这样一个律所。为此,本身热心公益的阎庆更加积极地投身公益事业,帮助弱势群体打赢官司,在帮助别人的同时,也打响了律师事务所的品牌。对于代理案件中的弱势群体,阎庆总是耐心倾听和解答当事人的疑惑与诉求,竭尽所能帮助他们维护合法权益,视当事人的具体情况减收或免收律师服务费。身为一名心怀正义、精干而儒雅的法律人士,在律所成立之前,他一直都很热心公益,经常在百忙之中关注和支持法律援助事业和社会公益活动,他始终认为从事公益普法活动是律师回报社会的一种方式。

在阎庆的号召和带领下,江西仰景律师事务所的律师们都积极参加公益活动,在他看来,作为中国特色社会主义法律工作者,律师不能只片面追求经济利益,而应当以为社会提供专业的法律服务为己任,以为人民服务为根本宗旨,况且对任何案子的分析和把控也是对律师办案能力的锻炼和挑战。

法律科班出身,坚守律师行业二十多年,阎庆一直践行着自己人生各个阶段的理想和法律人生。虽然在漫长的执业生涯中已经获得了诸多成就和殊荣,但阎庆并没有停止前进的脚步。让每一个生命在法律面前平等地拥有希望和保障,是阎庆最朴实的执业理念。他将继续坚守着自身信念,在法律实践中笃定前行。

未来，为法治而来

——辽宁大鸣律师事务所主任杨宝光

未来，从何而来？有人说为智慧而来，唯有先进的科学技术才能带来未来的高品质生活；有人说为教育而来，人民接受了良好的教育，国民素质得到整体提升，依法办事才会成为人人的自觉。而辽宁大鸣律师事务所主任杨宝光则认为，未来，将会为法治而来。

"有足够的能力，就决心干一番大事；能力尚浅，就保持愉悦做好小事；若有余力，就多帮助一些身处困难的人。"这是杨宝光一直以来行事的法则。做事讲诚信，做人讲良知，杨宝光在律师职业生涯中之所以能够稳步发展，也正是因为他坚守了自己的信念，恪守了自己的准则。

昨天——重在点滴累积

杨宝光毕业于吉林电力技术学校，毕业后直接进入了离家较近的电力供应公司，为建设国家基础电力设施东奔西走。那时，他对于律师的认知仅仅停留在港片中电影明星身着黑袍，头戴白发，慷慨激昂在法庭上辩护时的潇洒身姿，从未想到这个行业有一天会和自己结缘。一次偶然的机会，杨宝光接触到了几位从事法律工作的初中同学，通过交谈，对于这个行业有了一些深层的认识，也因此被深深吸引，萌生了成为一名律师的想法。杨宝光的妻子对他的想法十分支持，并为他报名参加了辽宁大学法学自考课程，从这天起，他入行法律工作的火焰已在内心燃烧起来。

作为一名电力公司的员工，杨宝光早晨五六点就要出发赶去工作地点修建电力设施，不论风吹雨打，从不间断。辛苦的工作结束后，杨宝光还要继续挑灯夜读，学习法律知识直到凌晨。回想起那段艰苦的岁月，妻子的陪伴和鼓励成为他不断前进的动力。杨宝光深知法学是一门非常高深的学科，想要成为一名优秀的律师，必须要具备深厚的法学功底，才能游刃有余地运用法律武器，有效维护当事人的合法权益。无数个夜晚，他灯下苦读法律典籍；无数次考试，他殚精竭虑，用优异的成绩证明了自己。经过近四年的刻苦学习，他最终以优异的成绩通过了考试，获得了律师从业资格证。

至今，杨宝光还记得第一次站在法庭上的场景。他无偿为一名犯了盗窃罪的年轻人代理。尽管开庭前他做足了准备，但是真正上场时还是免不了十分紧张，没有达到自己满意的程度。但当他真正读完代理词的那一刻，他感受到了自己肩负着一种神圣的使命，一种通过法律维护公平正义的信念。也正是在这一天，杨宝光在心里告诉自己：一定要成为一名受人尊敬的律师，一位为人民办实事的律师。

迄今为止，杨宝光用兢兢业业、勤勤恳恳的态度办结完了成百上千起案件，他在经济纠纷的调解与诉讼、重要商业谈判、各类合同文书的起草与审核、内部制度的咨询建议及劳动争议的处理等多类案件中积累了出色的办案能力，他在法庭上提出的辩护意见总是有理、有据、有节，辩在关键点，议在要害处，他出色的业务能力也获得了法官、检察官的尊重，更是得到了当事人的认可以及社会各界的广泛赞誉。尽管近几年杨宝光已经将工作的重心转移到了律所建设和领导团队发展上，还是有众多的委托人慕名或经朋友介绍找到了他，希望能够由他亲自代理为自己的案件保驾护航。

2013 年，杨宝光在众望所归中正式接管了辽宁大鸣律师事务所，成为这家已有二十多年历史老牌律师事务所的领导者，他带领着这支优秀的律师团队踏上了新的征程。他始终认为律师是一个注重积累的职业，青年时期所经历的那些困难都是在为日后的发展奠定基础，唯有长期的坚持与不懈的付出才能够成就一位优秀的律师。

今天——成就行业先锋

辽宁大鸣律师事务所创办于 20 世纪末期，是葫芦岛市首家合伙制律师事务所，也是全市四家省高级法院指定的办理破产案件的律师事务所之一。律所拥有擅长办理各种类型案件的专业律师 12 名，实习律师 3 名。所里的律师拥有较高的业务能力,多人多次荣获全国、省、市级的优秀律师称号,受到社会大众的广泛认可。同时,大鸣所还积极与国内外多家律师事务所建立良好的合作关系,在交流合作互相学习,共同进步,为推进中国法治建设做出积极的贡献。

杨宝光除了不断提高律师团队的办案能力,更大力完善律所管理机制,追求更加准确、高效的办事效率和现代化的的软硬件办公环境和设备,致力于打造全市律所行业中最优质的律所环境。杨宝光深知一个律所要想获得更加长久的发展不仅要做到律师水平这类"硬实力"精益求精,"软实力"也要名列前茅,办公环境也是一种形象,从"内"到"外"都要高人一等,唯有这样才能够提升综合实力,在竞争激烈的市场中脱颖而出,成为这个地区中行业的领军品牌。

作为葫芦岛市律师界唯一的省人大代表,他在工作中接触到了大量的弱势群体合法权益被侵害的事。当地钢屯地区的采矿工人由于长期在粉尘环境中工作,吸入大量粉尘导致产生了矽肺的严重后果。然而这些可怜的农民工大多生活贫困,由于没有纳入工伤保险而得不到基本的医疗救治。杨宝光作为省人大代表忧虑矽肺病患者过多有可能会导致严重的社会问题,影响当地发展和稳定。因此,他提出了关于矽肺病纳入医疗补助体系的提案,希望能够真正帮助到那些可怜的患病家庭。他积极履行自己作为人大代表的职责,积极为政府解决重大社会问题建言献策,充分体现了他具有强烈的社会责任感。

而在当地律师行业中,杨宝光也凭借自己出色、高效的工作获得了极高的评价。2013 年,杨宝光代理参与了一起涉及一百多人的大型涉黑案件,而这次事件不仅在当地引起了轰动,更在全国范围内引起了关注。经过杨宝光的详细询问和仔细调查,了解到案件的委托人仅仅是跟着朋友参与了一次暴力活动,既不属于黑社会的固定成员,也不了解任何跟黑社会相关的事务。而在这个案件第一次审判时,当事人甚至没有被公安部门算在内,但是几年后这个案件重新审理时,这名当事人却又被牵连在内,这使得当事人及其家属都十分不能理解。杨宝光在接手这个案子之后,一方面竭力安抚当事人情绪,一方面竭尽所能想要证明当事人的清白,给他一个合理的判决。当时有许多不了解实情的人不能理解杨宝光为什么要帮助一名"涉黑"的"坏人",但是杨宝光自己心里明白自己坚持的意义,决不能凭借当事人偶然的一次经历,就将他定义为违法犯罪分子,剥夺他一生的自由。最终,杨宝光为当事人争取到了最轻的刑罚,可以说改变了这位年轻人的人生轨迹,让他感受到了法律的严厉,也感受到了法律的公平。

此外,杨宝光还拥有很多律师欠缺的耐心和细心。2014年,他作为法律顾问为合作企业审查合同。为了保障委托人与合作企业的共同利益,对于对方提供的合同需要仔细研究和探讨,防止有任何地方出现问题影响到后期长久的发展。杨宝光花费一个多月的时间对合同逐字逐句的分析,甚至每一句话出现的顺序以及每一个标点符号,他都仔细的推敲、琢磨。杨宝光在长达一百多个小时双方沟通、汇报的过程中与对方律师寸利必争,全力维护己方权益,最终得到了圆满的处理结果。

谈到公益事业,杨宝光尽管做了很多却不愿意过分夸耀自己的付出。"穷则独善其身,达则兼济天下",在他眼中帮助他人是每一位尚有余力的人应该去做的事情。他免费为许多穷苦的农民提供法律援助;积极资助家境困难的学生重返校园;义务为群众做普法宣传等。他一次次在不同的地方面对不同的面孔讲述着相同的法律知识,但是每当他结束后听到老百姓们为他拍响的掌声,或者一些老人用粗糙的手握着他表示感谢时,他感受到了来自于广大人民群众的温暖和力量,也正是这些力量让他在追求正义的道路上无悔付出,勇往直前。

作为一名律师,杨宝光经常从法律角度思考社会问题,察觉到许多常人无法估量的结果与可能,他尽己可能为需要帮助的人送去温暖。而对于正义的不懈追求,也让大鸣所在杨宝光的带领下成为行业中的佼佼者,引领大家走上了一条充满阳光的法治之路。

明天——期待法治之春

2015年对于律师界而言注定是不平凡的一年,这年9月16日,最高人民法院、最高人民检察院、公安部、国家安全部、司法部联合印发了《关于保障律师执业权利的规定》,作为对国家法律法规最为敏感的人群,这个文件无疑彰显了律师行业的春天,也彰显了中国法治建设的春天。

曾经有人说律师属于自由职业,但是杨宝光并不十分认可这种说法。在他看来,律师比起其他行业应该具备更强的社会责任感和政治敏感度,为了实现更加富强、民主、和谐的中国社会而努力跟随党和国家的领导是杨宝光长期以来坚持的方向。自由是相对的,在一定的前提下行使自己的权利并履行自己的义务,才能够实现真正的自由、有意义的自由。

杨宝光近几年多在政府、企业担任法律顾问,并为葫芦岛市多家高等院校、培训机构做法律知识培训,他看到广大群众对于基本法律知识有了了解和认识,增强了法律意识,内心由衷地高兴。这些年我国的普法工作在各地如火如荼地进行着,也已经取得了不错的效果,知法、守法、依法办事正在日益深入人心,这样的局面使杨宝光对我国的法治发展有了更大的期望。

未来,杨宝光打算吸纳更多优秀人才,拓宽律所业务范围,调整每位律师的专业化方向,对律师工作范围进行细化分工,培养出一批在各领域中具备极强专业素养的精品律师,为广大需要法律帮助的人提供更加优质的法律服务,从而增强律所的核心竞争力,获得更加稳定、快速的发展。

作为律师,杨宝光心怀正义,为每一位当事人争取最多的权益;作为人大代表,他心怀责任,站在大众角度为他们代言办事。

很多人在社会中都扮演了不同的角色,而杨宝光尽管切换着不同的身份,但是不论身在哪里,心永远在老百姓身上,脚永远行进在追求公平正义的大道上。杨宝光律师爱党爱国、心怀正义、心系百姓的高尚品格值得我们每一位年轻人向他学习。相信有杨宝光这样的一大批优秀律师活跃在法律舞台上,中国法治的阳光一定会普照大地。

用法维护权益　用心化解纠纷

——访黑龙江殷宏律师事务所创始人殷宏

　　如今的中国,逐步迈入了法治社会的进程。知法守法,成为每个中国公民的基本义务。而在此期间,律师这个行业也越来越被看重。有人曾说,律师有三种境界:第一个境界是有高度责任心,全心全意为当事人服务;第二个境界是有社会良心,为弱势群体、为权利被践踏的人伸张正义;第三个境界是有历史使命感,敢于为中国的法治与宪政,挑战权威、挑战体制。一个真正伟大、优秀和成功的律师,既是能言善辩、舌战群儒的纵横家;也是伸张正义、弱势群体的守护神。而律师殷宏,在经历了无数风雨之后,在光与暗的抗争与坚持过后,依旧不忘初心,兢兢业业为人民服务,撑起正义之光的一片天。

　　知识广泛是他成为律师的必然,口才流利令他一次又一次从失败的风口浪尖之中凯旋。而在殷宏成功的背后,却是人们难以想象的鞠躬尽瘁与兢兢业业。他对人性有一种内在的认识,这使得他几十年来,在律师的岗位上始终坚守正义,始终不改其本心。

苦尽甘来　卓尔不群

　　年少时代的殷宏非常节俭,扎根于一个农民家庭。小小年纪殷宏已懂得为家庭分担压力。在校刻苦学习,在家辛勤劳作,那时,小殷宏最大的梦想就是能穿暖,为家里减轻压力,然而,不幸的是,殷宏的第一次高考就名落孙山。家贫而力不足,瘦小的殷宏发现自己并不适合农活。那一年,同时也是改变殷宏命运的一年,他决定复读。

"这个决定几乎花光了家里所有的积蓄，也让我彻底丢掉了腼腆和自尊，只为了考上大学。"

皇天不负有心人，经过一年的拼命苦读，殷宏终于如愿以偿考上了大学。每一次成功的背后都付出了难以想象的艰辛，就在殷宏以为大学生涯就此结束，可以找一份工作平平稳稳过一生时，命运仿佛又给他开了个玩笑——那是 2003 年的司法考试，由于过度劳累和作息不规律，他身体出现了一些问题。尽管如此，殷宏也从未想过放弃，他又一次用他超凡的毅力和不屈不挠的精神顽强地挺了过来，并在那一年一举拿下了三个证书——国家司法资格证、全国企业法律顾问资格证和新闻采编资格证。

"律师在我的心中是一个神圣崇高的职业，能够伸张正义，惩恶扶弱，那时我就很向往，没想到真的做了律师。"问及为何从新闻业转到律师这个行业，殷宏直言不讳他对律师这一行业的向往之情。伸张正义，惩恶扶弱，这一理念在殷宏的心中渐渐萌芽，并逐渐长成了参天大树。

严谨辩案　认真贯终

殷宏律师事务所始终以"团结和教育广大会员拥护中国共产党的领导，维护宪法和法律尊严，忠实于律师事业，恪守律师职业道德和执业纪律"为宗旨，秉承"一言九鼎，成就所托；护佑财富，创造价值"的服务理念；崇尚"精益求精，战则必胜"的作业风范；构建法律服务系统化、组织团队化、分工专业化、营销企业化的经营战略和发展模式，以认真务实的态度，严谨果敢的风格作风备受好评。

2014 年，曾有一宗案件分外棘手：莫某故意杀人，被捕后判处死刑立即执行，却因身无长物无法赔偿受害人黄某财产。案发后，黑龙江殷宏律师事务所接受了受害人黄某近亲属的委托，并巧妙地解决了难题。2014 年 12 月，在工伤认定程序中，某水疗会馆与受害人近亲属达成和解，同意赔偿 24 万元并承担受害人的丧葬费用。历时近一年时间，案件尘埃落定，杀人者受到了应有惩罚，受害人家属也从水疗会馆处获得了应有的赔偿。

按照正常的思路,本案可以实现追责和获得赔偿的目的,但被告莫某本身求死,也不想赔偿,而其家人也没有赔付能力。一纸判决根本无法保证当事人能够获得赔偿款。基于这种情况,殷宏律师确定了正确的办案思路:一是律师作为刑事诉讼代理人参加刑事诉讼协助公诉人行使控诉职能完成追责的目的;二是申请工伤认定,认定黄某的死亡为工亡,由某水疗会馆进行工伤赔偿。正确的办案思路决定了良好的结果,最终杀人者受到了法律应有的制裁,受害人家属获得了相应的赔偿款项。

因为出身农村,殷宏始终对农民怀有一颗怜悯同情之心。而律师事务所也是主要服务于广大农村,涉及土地流转、征地补偿和惠农政策方面的问题较多,因此被黑龙江报业集团《黑龙江农村报》聘为常年法律顾问。"我属于扎根黑土地的小律师,"殷宏笑着说。

本着优质的服务理念、科学规范的管理体制,殷宏律师事务所现已发展成为当地执业律师最多、规模最大的综合型律师事务所。拥有 1500 平方米办公场地,办公环境宽敞、优雅。本所现有执业律师二十多名,律师助理及行政管理人员四十多名,下设行政部、法律业务部、房地产事务部和二手楼按揭中心。而根据各律师的专业特长结合本所业务领域,法律业务部还分设民事法律组、刑事法律组、房地产法律组、公司和金融法律组、劳动和社会保障法律组、行政法律组、知识产权法律组以及教育系统法律组等八大专业法律组。

励精图治　服务农民

殷宏律师事务所一直以顾客至上、服务至上的宗旨为海内外客户提供及时、全面、优质、高效的法律服务,并以良好的业绩赢得了广大客户的一致好评。我国成功加入 WTO 后,面对法律服务市场的新挑战和新机遇,殷宏律师事务所全体同仁适时转变观念,励精图治,以不断开拓进取的精神继续雄踞于法律服务市场,以更优质、更专业、更全面的服务迎接未来的挑战。

如今，殷宏律师事务所配置了一流的现代化办公设施，体现了以人为本、锐意进取、筑巢引凤、追求卓越的决心及为客户提供最完美服务的经营理念。常年聘请十多位在国内外享有盛誉的法律、经济和管理专家担任顾问，精心指导律师的业务和管理活动。凭借强大阵容，可为高端客户提供优质法律服务。已形成以刑事、房地产、金融、公司、知识产权、海事海商、涉外等法律专门业务为核心，其他业务协调发展的格局。尤其在刑事辩护、房地产、金融业务以及解决大案、要案、疑难案件和处理突发法律事务方面，殷宏律师事务所具有丰富的实战经验与强大的竞争优势。

面向未来，殷宏律师事务所将矢志不渝，以创建法律服务领袖品牌为使命，致力成为最值得客户信赖与尊敬、最具竞争力、高层次的、综合性法律服务集团。在保持与国内大中城市的律师服务机构协作的同时，殷宏律师事务所还注重与英国、美国、新加坡、印尼及我国港澳台地区的律师事务所建立广泛的业务联系，从而更好地为委托人在涉外法律事务方面提供及时有效的法律服务。正直、诚信、勤勉、尽职尽责为殷宏律师事务所一贯遵循的服务准则，每一个殷宏人愿以此共勉。

君子务本，厚德载物，是殷宏不懈追求的立所之本。诚信为先，法律至上，是殷宏不断进取的存世之道。此外，秉持人文关怀、友爱互助的文化氛围也成为律师事务所的一个公司文化。对于传统的业务领域，殷宏所一丝不苟、精益求精；对于新兴的业务领域，殷宏所开拓进取、树立标杆。殷宏的服务目标，是在客户及同行中建立起良好的声誉及口碑。殷宏律师拥有海内外顺畅的业务沟通、合作渠道，与各类业务相关机构、部门保持着良好的工作联络关系。殷宏立志投入社会公益事业，将不断致力于各类社会公益活动，把殷宏爱心奉献给社会。

心明身正的好律师

——访北京市中银(南京)律师事务所高级合伙人、

法律风险管理智库运营总裁喻胜云

"法者,所以兴功惧暴也;律者,所以定分止争也;令者,所以令人知事也。"法治是人类政治文明的重要成果,是现代社会治理的基本手段。当下,从事律师行业的人越来越多,而真正卓越出色的律师工作者却依然稀缺。有人说学高技长、心明身正可为师。毫无疑问,北京市中银(南京)律师事务所高级合伙人,法律风险管理智库运营总裁喻胜云博士就是其中杰出的代表之一。

少年自有少年狂,藐昆仑,笑吕梁

从小喻胜云就是那种父母口中的"别人家的孩子",勤奋、懂事,一路学霸。由于比同龄人更沉稳,班上大小纠纷,大家都找他评判,还都能以理服人。他说,小时候跟所有男孩子一样,希望成为英雄,五湖四海匡扶正义。儿时的梦想竟像隐形的翅膀,冥冥中将喻胜云的人生引向越来越广阔的世界。

1995 年,喻胜云考入湘潭大学,在选专业的时候,他毫不犹豫选了法学院。这是与法律的初次结缘,也是喻胜云法律生涯的起点。大学毕业后,喻胜云到湖南吉首大学法学院任教。从学生到教师,象牙塔里简单宁静的生活,浮生若梦,一晃就是七载。喻胜云说,他喜欢那些年轻的脸庞,喜欢他们对法律的赤子情怀,更喜欢能在这些孩子追梦的路上,为他们点亮一盏心灯。就是因为怀着这样一份育人琢玉的情怀,即使后期肩负的律师的工作越来越繁重,喻胜云也一直没有放下高校的任职。甚至在身兼多职,分身乏术的情况下,喻胜云凭着心中对学术的挚爱,攻下了南京大学法学院法学博士的学位。至此,站在学术的塔尖,喻胜云方才感叹着说"圆梦",同时也意味着使命与责任的不一样。

十几年的学术生涯,让喻胜云身上多了一些与众不同的气质。回顾这段特别的经历,喻胜云这样说:"之前的工作对很多律师来说是浪费时间,对我来说却是人生一笔宝贵的财富。人生就像看风景,直达目标当然是最高效的路径,但却少了曲径通幽、别有洞天的惊喜与感悟。"大学里严谨的学风,不仅培养了喻胜云崇尚科学的精神、做事严谨的态度,更培养了他以人为本的"人文情怀"。

很多人问过喻胜云一个相同的问题,"高校教授,这是令人羡慕的工作,为什么还要转行做律师?"喻胜云的回答却始终一样:"使命的驱使。"做律师后,他习惯对每个案件、每个细节精雕细琢、深耕细作,这也是他能获得客户充分信任的关键。

"笔下有财产万千,笔下有人命关天,笔下有是非曲直,笔下有誉毁忠奸"这句常用来形容记者的话,常被喻胜云拿来教导法律新人。他说,"于律师来说,一份法律意见书、一个备忘录,你可以认为这只是一份工作文件,也可以认为它是一份 10 年、20 年后拿出来仍然经得起考验的记录。只有有这样的认识,你才能理解要对自己出具的意见、披露的信息全面负责的含义。也只有这样要求,才能体现作为一个学者专家型律师的职业自尊。"

雏鹰羽丰初翱翔,披惊雷,傲骄阳

一晃十八载,光阴似箭。

喻胜云博士在法律实务工作及理论研究领域深耕细作,一路耕耘,一路收获。目前在法律实务方面,对公司、证券、金融、信托、合同、担保、建筑工程、电子商务等方面有丰富的实务经验,对企业以及政府的法律风险有效管理有深刻的研究和实务经验,对新型法律业务更是有着深厚的研究功底。法律风险管理实践与理论研究中,围绕以下领域展开:公司内部治理法律风险管理、股权与资本运作法律风险管理、债权与资本运作法律风险管理、产权与资本运作法律风险管理、金融产品及衍生品与资本运作法律风险管理、诉讼法律风险管理六大领域。且在这些领域中已经取得了丰硕成果。

喻胜云博士担任多家大型集团公司的首席法律顾问,为多家企业进行法律风险管理提供优质法律服务。处理的非诉案件类型有公司首次股票发行(IPO)、增资扩股、私募股权融资、新三板、信托计划、委托贷款、投资项目的法律论证分析、公司并购、破产清算、解散清算等。法律风险管理中,为企业的法律风险系统评估及法律风险内控系统建设、为政府与社会资本合作(PPP)项目(尤其特色小镇)的创建以及融资模式,提供了诸多有效的法律服务。诉讼案件类,成功代理疑难复杂、二审、再审案件多起。

深耕金融领域多年,喻胜云博士越来越深刻地感受到,金融类企业在工作中对法律服务的迫切的渴求。自 2008 年来,中国民间金融(有的称之为"非正规金融")的发展和弊端越来越明显。2011 年,喻胜云博士开始专门研究中国的民间金融法律问题,2012 年创立微金融法律研究中心,并全面主持工作。喻胜云博士介绍说:"微金融法律研究中心主要是对微金融领域中的担保公司、农村小额贷款公司、科技小额贷款公司、典当行、村镇银行、农村资金互助社、民间资本管理公司、各商业银行微型金融服务、各投资管理公司金融服务、金融服务外包公司、消费金融公司、互联网金融等展开理论研究、予以风险防范、开展法律实务。"谈及中心今后发展规划,喻胜云豪情满怀,"希望研究中心力争成为首个微金融领域法学理论研究基地、法律实务指导基地、产品创新研发基地、专业人才培训基地。"微金融法律研究中心宗旨为推动民间金融资本运作"规范化、合理化、制度化"为使命,中心将微金融法律理论研究、微金融法律产品创新、微金融人才培养等紧密结合,满足微金融业健康持续发展的需要。

与此同时,在"互联网 +"的浪潮风靡的背景下,为让广大群众能更方便快捷享受法律服务,也为让法律服务更接地气,普法活动更深入人心,喻胜云博士带领团队倾力打造法律风险管理智库,创立"互联网 + 法律产品 / 服务"创业中心。这是一支专业律师团队研发、管理和运营的"互联网 + 法律产品 / 服务"电商服务平台。平台充分利用互联网,提供诚信、实效、方便的法律产品和服务,实现法律消费的互联网化。

在微金融法律研究中心的建立的四大基础上,法律风险管理智库完善、发展了四大基地:法律风控研究基地、法律实务指导基地、法律产品研发基地、专业人才培训基地,并都产生了良好广泛的社会影响。

目前,在喻胜云博士的正确有力的主持下,微金融法律研究中心依托北京市中银(南京)律师事务所,利用法律风险管理智库在线交易平台,已经在(微)金融、证券、风控、诉讼、(金融)刑辩方向上形成了专业、团队、高效的"互联网 + 产品 / 服务"的实务特色。

正是有了春的播种,夏的孕育,才有了秋的硕果。在专业领域内的精专负责,让喻胜云博士赢得一次又一次的掌声与好评。喻胜云博士多次受江苏、浙江、安徽、辽宁、黑龙江、吉林、河北、江西、福建、甘肃、新疆、青海、山东、山西、湖南等政府部门、金融办、经信委、行业协会、银行、企业及高校邀请,为高管层作法律风险管理培训,研讨金融(尤其民间金融)监管、规范、有序发展等议题。同时受台湾新华卫教育集团聘任,为中国大陆区域的 MBA、EMBA、MAM 学员讲授《商事伦理与商事法律》。在法学理论研究中,喻胜云先后主持或参与的国家级、省级科研课题 6 部,出版专著 4 部,发表学术论文 30 多篇。

学高技长为律,心明身正为师,喻胜云博士正以孜孜不倦的专业精神诠释着法律的精神与内涵。喻胜云博士以自己的创新、不懈努力和对法律公平正义的执着追求,获得了社会对其的广泛认可。喻胜云博士的社会兼职有:中国管理科学研究院特约研究员,国际科学研究院客座教授,中国台湾新华卫教育集团客座教授,南京大学创业指导老师,南京仲裁委员会仲裁员,中国·湛江国际仲裁院仲裁员,南京市律协行业发展委员会副主任、参政议政委员会委员,公司金融证券委员会委员、清算并购重组委员会委员。喻胜云博士 2014 年《中国优秀当代律师》收录;2014 年《中国律师年鉴》收录;2015 年《中国法律年鉴》收录;2017 年江苏广播电视总台授予"最具行业口碑典范领军人物"称号;2017 年中国科学管理研究院授予"中国管理创新杰出人物"称号。

学高技长法律人，心明净，身端正

记得学生时代，喻胜云博士曾经写过这样一段话，"我会全身心投入到法学实践中，成为一名法律人，事业成功，公理常在。"一晃廿载，喻胜云博士无疑坚守着他当年的承诺。有人说，做律师越久，越觉得中国法治之长路漫漫；越深入这个社会，发现的弊病就越多；有人会心冷，会麻木，有人却会奔走、会振臂疾呼，会为推进变革不断努力。毫无疑问，喻胜云博士就是后者。

为中小企业服务多年，喻胜云不仅以专业的素养去帮助他们解决难题，在面对经营困局时，喻胜云博士也总是积极帮助他们筹措办法。他想客户所想，急客户所急，但即使这样，也常常会出现法律爱莫能助的情况。面对无解的困局，喻胜云博士深入地思考；面对种种弊病，他常常会有犀利的评论，毫无保留地抨击。而这也正是喻胜云博士与他人的不同之处，他金刚怒目，却满腔柔情，眼极冷，心却极热。

喻胜云博士说："早早地看到问题并指出，并不是不爱，而是更深的爱。你有问题，我看到了，我希望你改，你改了，我高兴；你努力改也改不掉，我接纳，我喜欢。这种最终的喜欢，岂不是比看不到问题时的喜欢更为理性，更为深刻？"他的辣评，像被刀子经过病灶般的疼痛与快乐。也希望藉此，我们能够认识到：看到问题，不是抱怨，而是帮其改正，希望其更好。就像喻胜云说的那样，问题如青草绵绵，渐行渐远还生，春风吹不尽，野火烧又生，但野火不灭，总有烧尽的那一天。

法律人有着琴心剑胆，法律人热血难凉……法律人眼极冷，心极热。是故他们孑然独行，大步向前，只为天日昭昭，四海平安。

这就是喻胜云，一位学高技长的法律人，一位心明身正的师长。

中年转弯 "法海"新锐

——访黑龙江勤勉律师事务所副主任赵福兴

赵福兴,1973年出生。1995年大学毕业后,先是在家族企业中工作了十余年。2008年从家族企业中退出后,由于一直对各类法律案件密切关注,决心投身到法律行业。他开始通过自考学习法学专业,并以优异的成绩通过了司法考试,正式加入到了律师的队伍中,成为一名专业的法律从业者。

赵福兴很谦虚,他说在律师行业自己还是一个新人,从2011年通过司法考试,经过一年的实习,2013年获得执业证,其实至今入行也不过短短四年。但通过对赵福兴的深入了解后,我们会看到一个有阅历的人,生活中的一切都是触类旁通,他在律师行业通过努力已经做出了很多成绩,一些他觉得平凡的工作经历却是他不自知的最大不平凡。

成功不怕起点低

赵福兴说,当他从家族企业转行,有了做律师的想法后,很多人会以为他在说笑,甚至不理解。因为那时已经是全国各地大学法学科班专业学生大量毕业,且面临着就业率最低的状况。一个人想做一件事,首先需要遵从自己的内心而不是别人的建议。赵福兴说,幸好他骨子里有一点"不自量力",他没有被科班的门槛吓到,而是坚信自己可以做好。当然,司法考试作为各类考试中通过率最低的"天下第一考",赵福兴坦言自己也是二进宫才通过的。不过他回忆,当第一次考试没过,并看到分数的差距之后,赵福兴不是畏难不前,而是反思和意识到自己选择了一条有多么困难的路,不能只是简单地抱着试试看的态度,而是要全力以赴地去在竞争中争取到属于自己的一席之地。于是他从专业的角度去学习,去报班听考试的相关培训,他说,同班同学中,有好多都是刚毕业的年轻人,他这个叔叔级别的同学是个很特别的存在。他并不比那些刚毕业的学生有专业上的优势,但是他发现,自己的人生阅历和过往的生活感悟对自己面对案件进行分析的时候会有很大的帮助。生活是触类旁通的,赵福兴说,人生的路,每一步都作数。很多律师在进行案件分析的时候可能只关注一两面,而他似乎与生俱来的敏感,会关注到更多的点和面,别人举一反三,他能反出四五六。

用案件做代言

针对很多新入行律师都会有的一个困难——案源稀少问题,赵福兴说,自己可能算是幸运的,因为他没有为案源发愁过。正式执业的第一年,他就参与了很多大大小小的案件。赵福兴说从入行到现在,他一直秉承着自己的座右铭:不浮夸、务实、敬业;精法律、能辨、善辩。他遵从法律依据,从不对当事人夸夸其谈胡乱许诺,也从不打任何保票,他会在初次接触当事人的时候,就表明立场和观点,自己会最大限度地维护当事人的合法权益。如果当事人是原告,那就为他们争取到最大的利益;如果当事人是被告,就尽力帮他们把所要付出的代价降到最低。能帮助自己的当事人,赵福兴表示那是他自己和其他律师都会觉得最有成就感的事。老百姓怕打官司,也怕麻烦,甚至有时会觉得请律师费用高,担心律师的辩护起不到作用……赵福兴表示普通老百姓有的种种顾虑他都理解,但他更相信,随着法制社会的健全,人们也会越来越重视律师存在的意义,那是从专业角度帮助他们争取到最大的利益,而不是得到明明有时候觉得自己绝对占理,最后却还是会输了官司的结局。

2015年,一起受到全国关注的黑龙江佳木斯崔姓老人在怀柔慕田峪长城游玩时被加拿大外籍女子撞倒后不治身亡的涉外案件,就是在"资历尚浅"的赵福兴律师经办下得到了双方都满意且迅速的解决。赵福兴说,一开始,被撞老人的家属是在北京当地请过律师的，甚至会有一些律师考虑到案件的影响，主动联系老人家属，主动请缨帮忙打官司。面对莫名的热心，老人的家属带着案件全过程的材料，结缘了赵福兴律师。赵福兴跟其他的律师不一样，他是真的急家属所急，他知道在家属的眼中，老人的意外属于客死他乡，能够让事件尽快解决，让老人早日魂归故里入土为安才是家属最想要的结局，而不是以经济赔偿为目的地漫天要价和其他。赵福兴依照法律的依据耐心且细致地研究了案情，并向家属清晰表明可以争取到哪些。正是这一份设身处地的同理心，得到了家属的信任和信服，他们推掉了北京的代理，而全权委托赵福兴代理。当时赵福兴手边也很忙，但他不想辜负老乡"在他乡"的信任，于是重新做了安排后，他便只身随着老人家属进京。

案件最终在最短的时间内得到了圆满的解决，赵福兴也得到了当事双方的肯定。赵福兴说，一切都源于他是完全按照我国法律的相关规定提出的一切要求，包括赔偿金额，有理有据，让人信服。所以整个调解过程比较顺利。他说的那么不经意，没有把功劳归于自己去大肆宣扬，但让人想到一个成语——静水深流，也许有点夸大，但赵福兴始终保持着低调和稳健。整个采访过程我们了解到的大大小小案件，他都以当事人配合做结点，然而我们都知道，一个人能够把事事都处理得很明白，这本身就需要不凡的功力，沟通谈何容易，尤其还是作为服务方，想要得到自己雇主的认可，更是不易。

用能力擦亮名片

赵福兴表示，自己是一个有点一根筋的人，尤其对于案件的受理，他不打无准备之仗，对于有的委托人自己都不在意地说"随便打打就好"的官司，赵福兴甚至会选择不受理。他说，在一名专业律师的行动指南里，绝没有"随便"一说，要做就要尽力，一定要全力以赴，而不是差不多。为了研究案情，赵福兴常常会反复举证、质证、推证，录音反复听七八遍，只为寻到不易觉察的蛛丝马迹，哪怕只是语气上的细微变化。那种专注很累，熬夜都是家常便饭，不过出于对当事人利益考虑和对律师行业的深深热爱,他所做的一切都乐此不疲。赵福兴说,对于律师,不像是其他行业和商品的选择,这个没法对比,只能通过自己接触去了解,去判断律师的水平。而且律师的口碑效应更是不容小觑。案件无大小,当事人没有等级,一切都需要尽心尽力。大海不辞细流,方能成其大,只有随时注重个人品牌形象的积累,才能良性循环,有人来把你寻。赵福兴说,虽然才四年的行业积累,但时间不能衡量一切,做律师最怕的是自满和不再学习。他说早些年律师行业可能会有靠关系的情况,不过随着我国法制社会的不断完善以及法律环境的越来越规范,今后律师的行业趋势将是注重能力和与时俱进。每年对新增和重新解释和定义的法律条款都要有清晰的个人知识库的储备更新,同时永远让自己有激情和动力,认清自己的优势和不足,才不会掉队和被新兴一代比下去。他一直追求的就是没有稳赢不输的官司,不过要争取每个受理案件都能让委托的当事人满意。赵福兴说,自己积累的资金已经足够支撑自己开一家属于自己的事务所,不过目前由于受限于佳木斯当地司法局的限制,不给批名额,目前这个小目标算是暂时搁浅了。赵福兴表示,律师很多都是挂靠某个律师事务所,本身一旦处理的案件很多,积累了丰富的经验和财力后,再加上满足执业五年以上的条件,会有很多都具备自己办所的资格。当地政府对可能存在的律师事务所太多的隐患进行控制,也是一件好事。在赵福兴的身上,我们永远能看到善良低调和时时为他人设身处地的考虑问题。

律师是一个压力很大的职业,我们听到过一些律师因为长期高压工作状态晕厥甚至猝死,对此赵福兴说,人一定要学会给自己解压,他的方法就是乒乓球。从一开始的不会,到想要把这项国球运动练好,赵福兴身上再一次体现了有志者事竟成。他现在的乒乓水平,已经达到了中等偏上,甚至和专业运动员切磋,也能够有赢局的掌控。赵福兴说,不论是事业还是爱好,人都应当有一股子劲儿,不服输,要做就要尽力做到最好。

赵福兴说,他自己是幸运的。他不是科班出身,却通过努力为自己争取到了律师行业的一席并站稳了脚跟。赵福兴说他参加司法考试的时候,限制条件还没有像现在这样严苛。之前国家司法考试的报考条件中关于学历背景要求的描述是"高等学校法律专业本科毕业或者高等学校非法律专业本科毕业并具有法律专业知识",只要具有国家承认的本科学历就可以报考司法考试,这其中涵盖了自考、成考(函授、业余、电大、远程、脱产)等国家承认的本科学历考生。而现今已经将学历条件限制为"全日制本科",限制了自考和成考学历的考生;对非法本考生添加了"获得法律硕士、法学硕士及以上学位或获得其他相应学位从事法律工作三年以上"的限定条件,限制了非法本考生的报考。他说冥冥之中似乎自有安排,让他进入了律师行业,他珍惜并重视自己的工作,他会在未来的工作中做出更多的成绩,秉持初心,用实力为自己代言,永远都保有生机和学习力,为更多的当事人提供最专业的法律服务,精益求精。

维护正义的使者

——北京冠衡(长春)律师事务所律师赵庆涛

他是会计专业毕业,却为了梦想选择做一名律师;他兴趣爱好广泛,却下定决心奉献法律事业;他年纪轻轻,却立志成为法庭上维持正义的使者。他就是北京冠衡(长春)律师事务所律师,赵庆涛。

他的成长故事,称不上精彩,但是却有很多值得我们学习的地方;他的经历,并不跌宕起伏,但是却可以激励无数的年轻人为自己的梦想努力奋斗;他很普通,但是却并不平凡。他身上闪烁着的光芒,足以照亮这个世界上一些人性的黑暗。接下来,就让我们一同走近这位年轻律师,了解他的内心世界。

踏上律师之路

赵庆涛自小就对司法有着浓厚的兴趣,梦想着自己可以成为一名在法庭上维护正义的律师。但是造化弄人,高考结束后的他阴差阳错的填报了会计专业,不得不委屈自己,学起了并不感兴趣的专业。毕业后,面对着形形色色的工作岗位,赵庆涛心里如同有蚂蚁在抓,他不清楚自己未来的方向,更不知道自己该要向着哪条路前行。在矛盾中挣扎了许久之后,根植在赵庆涛心底的梦想开始慢慢地萌芽,并且开出花来。他下定决心,要做自己喜欢的职业,要为了自己的梦想而奋斗。于是他毅然决然地选择了司法考试,他要把律师证考到手,这样才有机会成为一名真正的律师。

然而,这一切要比他想象的艰难得多。因为是半路转行,所以赵庆涛对于一些司法知识可谓是一窍不通,即便是报名参加过一些司法考试的培训班,同样收获甚微。

"凡事都要靠自己。"倔强的赵庆涛没有想过要放弃,他买了许多关于司法专业的书籍,像是着了魔一般,经常看书直至深夜,他不断地激励着自己"一定要坚持下去,付出是一定会有收获的"。一天又一天,赵庆涛就这样咬着牙过日子,丝毫不肯松懈。

三年之后,在司法考试的前一天晚上,赵庆涛彻夜难眠。他激动,似乎离自己的梦想越来越近了;可是同样的,他也开始忧虑起来,担心自己三年的努力与付出全部都付诸东流了。那种既期待又紧张;既兴奋又害怕的心情,让赵庆涛至今难忘。

上天是公平的,它没有辜负那些努力付出的人。是的,赵庆涛得到了回报,他顺利地通过了司法考试,拿下了律师的职业资格证,并于 2015 年正式从事律师行业。因为来之不易,所以才会倍加珍惜;因为足够热爱,所以才会持之以恒。赵庆涛通过自身的努力奋斗,实现了自己一直以来的梦想,正式踏上了律师这条行业。他说:"我要为更多的人维护正义,把我的一生都奉献给律师这个职业,永不放弃!"

心怀感恩,勇敢前行

正式成为律师之后,赵庆涛才发现,其实律师并不像大家眼中看到的那么风光,他的背后,有着太多不为人知的心酸。律师的收入并不像想象中那么高。所以在一开始,赵庆涛的生活是很拮据的。另外,律师也是一个十分寂寞的行业,这时的赵庆涛发现,应对司法考试的知识已经无法应付手里的工作了,他要不断地继续学习,增长自身的能力。与此同时,他还要收集整理许多关于司法的资料,这些都关系到官司的胜负和当事人的切身利益,是万万不可以松懈的。赵庆涛成长的很快,不久后,他便正式接手了自己律师生涯的第一个案子。这是一起因交通事故导致的医疗纠纷,当事人的丈夫在这起交通事故中不幸去世了,只留下了她和两个孩子。原本不富裕的家庭,可谓是雪上加霜。

赵庆涛感觉自己身上的担子一下子就变重了,因为官司的胜负对这个家庭的影响实在是太大了。作为律师,他的职业性质告诉他,一定要帮助当事人赢得这场官司;作为一个具有同情心的人,他的道德素养也告诉他,这场官司一定要赢。赵庆涛别无选择,只能化压力为动力,竭尽全力去维护当事人的利益。让人感到欣慰的是,案件的处理结果十分令人满意,也算是对这个不幸的家庭做了一定的补偿。赵庆涛也通过这件事,积攒了一些处理类似案件的经验,增长了自信的同时,也让他更加坚定了做一名律师的信念,他要为更多的人维护利益,要在自己的岗位之上,更好地发光发热。

每一次经历,对于赵庆涛来说都是成长。现在的他,已经可以独立的应对很多案件了,并且慢慢地养成了沉着冷静的性格。在处理一些邢辩、合同纠纷、交通事故等案件时,不再像之前那样紧张,而是能够静下心来,对案情进行合理的分析,迅速找到切入口,真正地做到了游刃有余。这种进步,对于赵庆涛来说,无疑是最令他感到欣慰的了。

在问起他对未来的一些规划时,赵庆涛十分坚定地说:我一定要在司法的某一个领域精益求精,做到独树一帜。因为赵庆涛相信,作为一名从事律师行业不过三年的他,从长远的角度来讲,是必须要保证自己的案源的。只有这样,他才能得到认可,他才能在律师行业中站稳脚跟,也只有做到这点,才能更行之有效的为一些当事人维护利益。

赵庆涛觉得,自身的实力才是案源的最根本保障。这不像做生意,可以通过一些包装和宣传手段来增加销量。律师只有自身能力够了,处理案件的经验足了,为当事人人保障了合法权益,才会有更多的人主动登上门来,请你为他们辩护。归根结底,口碑胜过宣传。可能这是一个漫长的过程,但是于一个有目标并肯付诸行动的人来说,我们有理由相信,这并不只是说说而已。

虽然赵庆涛从业时间并不长,但是回首自己走过的这一段路,还是有很多人对他产生了深刻的影响的。而在这些人中,赵庆涛最想感激的就是他的母亲和他母亲的一名同学。因为赵庆涛在司法考试时是没有经济收入的,自己的全部经济支出,都是母亲为他提供的。母亲一直都在鼓励着赵庆涛,让他不要后退,更不要轻易放弃。这种鼓励与支持,成为赵庆涛坚持的强大动力,更是一股强大的精神力量。

而母亲的同学,也正是在律师事务所上班的一名老前辈。他对赵庆涛的帮助还是很大的,无论是在经验的传授上还是对赵庆涛的教导上,都可谓是用心良苦,所以赵庆涛的快速成长,与母亲的这位同学的关照是密不可分的。

律师这个职业，并不是一条平坦的大道，这其中布满荆棘，又有太多的风风雨雨，仅凭一腔热血是远远不够的，他还需要赵庆涛的勇气与毅力，同样的，还要心存感恩，感恩那些支持他的人，感恩那些帮助过他的人。只有这样，才能在这条路上大步迈开脚步，向着前方，坚定地走下去！

新的路途，新的期待

其实赵庆涛并不是一个人在执着地前行着，梦想着成为律师的人、梦想着为人民伸张正义的人，还有很多。他们像曾经的赵庆涛一样，一腔热血；他们想曾经的赵庆涛一样，坚持不懈。律师，于他们来说是一个闪闪发光的词汇。

赵庆涛虽然不是老前辈，但是作为一个有着三年从业经验的人，赵庆涛不光对他们寄予了厚望，同样也有很多发自肺腑的话想对他们说。第一，不要过度的在乎律师的社会地位，它绝不是一个光彩熠熠的身份，反而要要求我们一定要耐得住寂寞，面对复杂的案情和堆积如山的卷宗，没有平静的心态和忍耐力，是万万没有办法胜任的。第二，一定要养成较好的沟通能力，因为平时要面对形形色色的当事人，他们有的情绪激动，有的甚至会做出过激的行为。这就要求从事律师行业的人一定要具备安抚当事人的能力，稳定他们的情绪。另外要对事件做出预判，避免特殊事件的发生，带来不必要的麻烦。第三，也是最重要的一点，一定要坚守住自己的道德底线，平等对待自己接手的案件，绝对不可以根据经济利益安排自己的精力。要知道，每一个选择我们的当事人，都是对我们的极大信任。更何况我们对案件的处理结果，影响的可能会是一个家庭的未来和幸福。

未来的路途是崭新的，律师身上所被赋予的责任和使命却是不会改变的。和平时代下，他们虽不曾手持利剑，却无时不刻在战斗；他们虽没有身赴战场，却无时不刻在维护着正义。他们信仰法律，他们拥护道德，他们是正义的使者，是可以照亮人性黑暗的光芒。

愿赵庆涛可以一直秉承着"维护正义"的信念，在律师的职业道路上，越有越远。

人间正道是沧桑
——访贵州铭黔律师事务所律师赵永龙

赵永龙,男,1984年生,现为贵州铭黔律师事务所主任,专职律师。其从事法律职业工作已经十余年,多年来办理了大量刑事、民事、行政及非诉讼案件,具有深厚的法学功底和办案经验。在律师执业生涯中,他一直是以"诚信、专业、严谨"为工作作风,以"受人之托,忠人之事"为执业准则,以"最大限度维护委托人的合法权益"为己任,以"提供优质法律服务"为宗旨。在现今律师行业的激烈竞争中,赵永龙是如何闯出自己的一方天地,这中间他又走过了怎样的心路历程,就让我们一起来走近赵永龙,聆听他的故事。

机缘与巧合相遇

1984年,赵永龙出生于誉有"中华布依第一县"著称贵州省册亨县。学生时代的赵永龙,用他自己的话来说,平时比较贪玩,成绩并不算突出,但是学习成绩并不能代表一切,赵永龙十分聪明,对问题总能分析得头头是道,做起事来也很有条理,因此他受到了老师和同学的普遍喜爱,而他所显现出来的这些优点,也为他后来的发展之路做了铺垫。

虽然成绩并不算好,但是赵永龙并没有放弃自己的求学之路。2002年,赵永龙参加了成人高考,被贵州民族学院录取,也就是在这一年,赵永龙家里因为与别人发生了一些纠纷,需要通过法律诉讼的方式解决,这也使赵永龙第一次对律师这个职业有了一些模糊的认识。因为这个原因加上家里人的建议,赵永龙最终选择了学习法律,从此走上了成为一名真正法律人的道路。但是这条路就像赵永龙家乡贵州的很多山路一样,注定是崎岖难行的,在赵永龙开始选择学习法律的 2002 年,人们的法制观念较之今日相比还有一些差距,那时候的人们在与人发生纠纷或者矛盾时,往往不会选择通过法律的途径来维护自己的合法权益,导致人们对律师这个行业或多或少地存在着一些误解,换句话说在当时,律师这个职业无论是在经济收入还是社会地位上都不算太好,而赵永龙没有受到这些不利因素的影响,而是坚定选择在这条维护公平正义的道路上走了下去。

2004 年,赵永龙从贵州民族学院毕业,在当地的法律服务所成为一名基层法律工作者,在此期间,他多次为群众义务提供法律援助,运用自己在学校所学到的知识来帮助有需要的人,为他们排忧解难,维护他们的合法权益,而赵永龙也因此对律师这个职业有了更深刻地认识和了解,受到了当地老百姓的广泛赞誉,这也使他自己更加具有自信,想要更好地去为需要法律援助的人们服务。

2010 年是赵永龙职业生涯中的一个重要转折点,在这一年,赵永龙通过自己的不懈努力取得了律师职业资格证,迈出了他在这条道路上的重要一步。其实在取得律师职业资格证之前,赵永龙通过在法律服务所为人提供法律援助的方式,已经使自己积攒了大量的法律工作经验,拿到律师职业资格对于赵永龙来说无疑是如虎添翼,使他真正地成为一名职业的法律人。

正义与名利无关

在迄今为止十余年的职业生涯中,赵永龙始终积极地投身于法制宣传、法律援助等工作。2016 年 8 月 8 日,王某、罗某等五名农民工兄弟来到了赵永龙的办公室,称他们为一个四川籍老板打了一年多的工,但是直到现在却没有拿到一分钱工资。他们试图联系老板,但始终联系不到人,现在孩子马上需要交学费了,他们的生活也遇到了困难,想咨询一下怎么讨要工资,当赵永龙听到这几位农民工连一分钱的工资都没有拿到,立刻放下了手里的工作,详细地了解了事件的前因后果,耐心地听王某等人介绍有关情况。赵永龙得知,这五名农民工兄弟从 2014 年 3 月到 2015 年 5

月期间为一个四川籍包工头做工,在这一年多的时间里,这名包工头只象征性地给过这几个农民工兄弟一点生活费,并且声称将在工程结束后一次性付清工人工资,而在工程结束后,这位包工头却不见踪影。面对生活的沉重压力,这几名农民工兄弟在万般无奈之下,才选择到赵永龙的律师事务所寻求法律援助。赵永龙当即决定,无偿为这几位被欠薪的农民工兄弟讨回公道,维护他们的合法权益。

当然,这条维权之路注定不会那么顺利,赵永龙先后多次往返贵州、四川两地调查了解相关情况,经过赵永龙对多方的走访调查,最终掌握了包工头刘某拖欠农民工王某等五人工资的相关事实及金额等有关的证据,随后赵永龙又马不停蹄地赶往包工头刘某所在的四川省岳安县法院,对包工头刘某提起了诉讼。从案件立案审理再到执行的整个过程中,赵永龙不畏劳苦,辗转多地,前后耗时半年多,自掏腰包花费近万元,从来没用过农民工兄弟的一分钱。在案件的执行阶段,赵永龙一直无法与包工头刘某取得联系,面对这样的情况,赵永龙向当地法院提出了强制执行,在经过这些波折之后,王某等五位农民工终于拿到了 20 余万元的工资。

像这样无偿提供法律援助的案件,赵永龙已经记不清自己处理了多少件,其间的辛劳自然是不言而喻,而说起自己这么多年坚持无偿提供法律援助的原因,赵永龙表示,自己对于法律公正一直抱有坚定的信仰,而正是这种信仰使赵永龙能够坚持为弱势群体提供无偿的法律援助和服务,而也正是因为赵永龙的这种坚持,才能够使更多需要得到法律帮助的弱势群体得到应有的帮助,切实地维护了他们的合法权益。

除了为需要帮助的弱势群体提供必要的法律援助,赵永龙也同时受聘担任当地许多行政机关以及企事业单位的法律顾问,而这些工作大部分也是无偿的,正是由于赵永龙这样的努力和坚持,一方面为人们解决了他们所面临的法律问题,另一方面也进行了普法宣传,增强了人们的法律意识和法制观念。

且歌与且行行道

从赵永龙走上职业法律人这条道路至今已逾十载,在积极热心地为弱势群体提供无偿法律援助之外,也处理了大量的刑事辩护及婚姻家庭、劳动工伤争议、交通事故损害赔偿、工程建筑等方面的纠纷。应十三·五普法工作的要求,当地司法机关成立了"十三·五普法讲师团",赵永龙亦被选为普法讲师团的主要成员之一,经常到行政机关,村、居委会等无偿进行普法宣讲。

2016年7月,赵永龙受当地法律援助中心的指派,参与了当地一起震惊全国的重大涉车事故案件的善后协调处理工作,并且出色地顺利完成了任务。由于赵永龙的努力,使他得到了业内的广泛认可,从而获得了2016年度贵州省黔西南州"十佳法制人物"称号。而在这光鲜亮丽的成绩背后,是赵永龙十年如一日地默默付出与奉献。

从一个默默无闻的律师行业"菜鸟",成长为一名经验丰富、受人尊敬、远近闻名的知名律师,赵永龙付出了很多,这其中的艰辛可能只有自己最清楚。律师行业一直是一个竞争十分激烈的行业,每年,全国的大中专院校都会有许多法学专业的学生毕业,加入到律师这个行业当中来。而作为已经在律师这个行业摸爬滚打了十年的"老手",赵永龙时常可以感受到这个行业的激烈竞争带来的压力,用他自己的话来说,现在他的心态已经十分平和,不会再像刚入行时那么莽撞。赵永龙至今还记忆犹新,刚入行时,在处理一起离婚诉讼的时候,由于当事人向他隐瞒了真实的情况,致使他把不实的情况写进了案件的起诉书,给案件的审理带来了一些负面影响,赵永龙也从中吸取了教训。自己也曾经遇到过一些情绪十分激动,没有办法好好沟通的当事人,每次,赵永龙都会耐心地疏导当事人,与当事人协商,甚至他还遇到过由于在案件执行阶段的进度让当事人感到不满而拒付代理费的情况,还有让许多律师都头疼的案源问题,对于这个问题,赵永龙表示,除了认真做好无偿的法律援助工作,用心处理好每个经手的案件,获取老百姓的良好口碑,达到宣传的目的外,也要利用互联网等平台,努力扩大自己的影响,让更多的老百姓了解自己。对于国内律师大部分都是提供免费咨询的问题,赵永龙表示,要辩证地去看待这个问题,这对纠正老百姓对律师这个职业的旧有观点也是有好处的。对于自己从事律师这个职业的优势,赵永龙觉得自己遇事冷静,办事思路清晰,对问题分析透彻,这就是他的优势所在。

在赵永龙走过的这风风雨雨十年里,他最想感谢的,除了一直在身后默默支持他的家人,就是指引他走上这条律师之路的启蒙老师,从老师的身上,他学到了勤勤恳恳、认认真真地办事作风,这也使他至今受益,谈到自己以及律所未来的发展,赵永龙表示,在司法环境越来越好的大背景下,要努力让自己的律师事务所更加专业化、规范化,从而更好地去服务大众。

以法为梦，仗剑天下

——访中港法律事务所创始人朱健

有人说："人生，就是一次又一次的选择。"而他，在事业上，选择了律师这一神圣的职业；在处世上，选择了真诚这一高尚的品德；在发展中，选择一次又一次的超越突破。他无疑是一位智者，直面挑战，把握机遇，用非凡的努力诠释着"知识改变命运"的成功真谛，用良心操守践行着法律的公平正义。

他，就是知名律师、法商专家朱健，中港法律事务所创办者，多年来处理有关律师公证及海牙认证、内地与香港投融资与上市、内地与香港婚姻与继承、移民签证、离岸公司注册及秘书等方面的事务。长期为内地与香港、海外人士做专业、全面的法商全程一站式服务。

以法为梦　领航前行

在工作之初，朱健已取得中国内地的律师资格（后取得中国内地律师执业证书），并先后任职于香港多家本地律师楼(行)负责商事与公证事务，处理有关律师公证(海牙认证)、内地与香港投融资与上市、内地与香港婚姻与继承、移民签证、离岸公司注册及秘书等方面工作，积累了大量的实务工作经验与人脉资源，同时，朱健也曾于中国深圳市多个知名房地产开发商项目公司从事房地产城市更新(旧城改造、征地拆迁)工作，具有较丰富的城市更新的实务工作经验，这些都为朱健的发展奠定了坚实基础。

谈及工作，朱健表示："我长期在中国内地及香港生活、工作，深谙中国内地与香港以及境外人士的文化思维差异,正因为如此,我可以为内地与香港、海外人士提供更专业的跨境法商服务。"

据悉,目前中港法律事务所主营的业务范围包括:中国、日本、越南等国投资商务全程一站式服务,税务会计审计,公务管理咨询,投融资上市顾问,移民签证全程顾问,商标注册及专利申请,公司注册秘书服务,大使馆领事馆加签认证,香港委托公证人公证服务,法律全程事务,房地产城市更新服务,法律意见书等。

中港法律事务所[含联营/关联公司:香港朱健律师法律与商务服务有限公司、鼎健法律与商务服务(深圳)有限公司、寰宇会计秘书服务有限公司、离岸投资服务商联合会有限公司、鼎健发展有限公司等]立足于中国香港与中国深圳市,是一家具有多年历史、全球领先的提供中国内地、中国香港、海内外法律与商务服务的专业机构。公司成员由资深的中国律师及海外律师、注册会计师、资深商务顾问组成,公司团队精通财务、税收、政府政策、投资及贸易、企业策划等多方面知识,为客户提供优质、专业的商务服务,致力发展成为连结中国、中国香港、海内外的环球专业法商服务的领航者。

秉持初心,一路前行

也许很多人都不了解法商律师是什么?朱健介绍道:"法商律师一般提供的是非诉讼案件,简单地说就是不出庭,提供的不是法庭辩论的服务,而是客户的经营管理助手,帮助客户提供最合理的顾问服务,解决客户相关法律问题,最大限度地预防、降低或避免企业经营的法律风险。"

谈及内地法律和香港法律的区别,朱健说道:"中国内地承袭的是大陆法系,其最重要的特点就是以成文法典为主要法律渊源,中国香港则是普通法法系,跟随英国的法律制度,法院以遵循先例裁判案件。此外,还有一个重要点,在香港司法制度中,律师被视作是法庭的一员/官员(Every solicitor shall be an officer of the Court),而大律师 Barrister 即视为法庭的朋友(Friend of the Court),都是维护法治的核心群体。或正因为此种原因,律师和大律师在社会上享有崇高的社会地位,此种律师与法庭、法官的关系或可成为我国内地加以借鉴,构建和谐的司法制度,不断提高法治水平。"

在朱健看来,一个称职负责的律师,固然需要深厚的法律知识和丰富的办案经验,但更多时候还需要懂分享、明事理、会做人,真正体现出律师"社会人"的一面。朱健从事律师行业多年,处理过无数起案件,其中印象较深的一起案子发生在很久以前, 当时有一个资产雄厚的客户想要以在香港投资做生意的形式移民中国香港,但那时香港的投资移民政策已经停止接受申请了。所以朱健建议客户在香港设立一家公司,再以公司名义聘请自己到香港工作。后来客户发现,这种形式还可以运用到日本,而且投资额会更小。对比之后,他选择以内地身份在香港设立一个控股公司,并以香港控股公司的形式在日本投资设立一个外资公司,最后以投资者管理签证的形式和身份移民日本。

另一起案件发生在几年前,有一位丹麦人到上海投资,这个丹麦人本身在香港暂居,他到上海投资从事进出口机械贸易,但丹麦客户知道以个人身份会涉及很多身份验证的问题,于是朱健建议在香港设立一个控股公司,以这个控股公司在上海设立一个外商投资公司。这种投资形式会大大减少繁琐的手续流程,外商非常满意朱健的顾问服务。专业的朱健律师看见外商不熟悉国内行业,还协助他在上海租写字楼和招聘员工,甚至包括申请进出口许可权证书。

朱健一直强调律师应该用心做事,用心做人,踏踏实实把当事人交代的事情做好,达到对方的满意和认可,就是自己追求的目标。

律师"走出去" 企业创明天

从宏观层面看,朱健以律师的专业本领帮助中国内地和香港企业"走出去",帮助外商来中国投资,使大家分享到更广阔的资源和市场,体会到国际舞台上合作交流的制度优越性和利好环境;从中国内地和香港加强合作交流层面看,较早和中国国内法律同行及国内企业建立业务关系,他还利用自己的身份与资质之便,积极发挥桥梁纽带作用,以不同形式组织或参与两地律师的学习交流与业务合作活动,使内地律师、香港律师能相互了解不同制度下的法律特点,增强见识,开阔视野;

朱健认为,如果客户的事业做到一定的程度,说明他有过人之处,有自己的想法。而律师要做的就是摆正自己的位置,为对方的经营与合作规避风险,用心做好服务。朱健表示:"法律人不能干巴巴地'我为你提供服务,你为我提供酬劳',把信任和人情方面融入其中,是必不可少的。律师如同医生,跟客户建立关系,是需要信任做铺垫的,很多细微之处需要用心去体会、用心去对待,这样能让客户知道你是真正为他着想,真正能为他做什么,这样建立起来的合作关系也必然是顺畅的、愉快的!"

在朱健看来,中国企业"走出去"涉及更多的是涉外的法商类的业务,海外投资、海外并购收购等业务也是大陆涉外律师大展身手的平台。诚然,这类律师拥有良好的外语水平,并精通国际的条例和惯例。依照目前趋势必定会有越来越多的大陆律师行在香港设点,与海外所合作联盟以求发展本土以外的业务。朱健也强调:"任何对投资并购方面的法律风险评估的忽视,都可能带来并购失败或付出重大代价。因此,企业重视投资并购中的法务支持,在决策制度上对投资并购全方面的法律风险控制作出规定,是有价值有意义的。"

朱健强调,为内地客户提供法律服务要做到精细化服务。一是要选好服务领域和项目,二是需要做好细节处理,把一个单子做细做全面,才能赢得客户的信任。从小在内地长大的朱健,对大陆文化十分了解,自然而然,在工作中与内地有关部门沟通也会更顺畅,并且通晓两岸法律的他在中国香港也接触了更多国际环境、国际视野的熏陶,因而思维更加灵活、视域更加开阔。

作为中港律师事务所的创始人,朱健表示:"成为一名好的法商律师,一来要具备过硬的执业能力,用专业技能维护委托人最大利益;二来要注重细节及对人际关系上的把握。在许多客户中,有一些是多年来的伙伴,彼此间已不仅是工作关系而上升为朋友关系,更有甚者,客户是从对手那边过来的。"

我们相信,随着大陆律师同行的专业水平不断提高,定将加快中国企业"走出去"的步伐,中港法律事务所也定将迎来更辉煌的未来!